きっと誰かに教えたくなる

読めるようで読めない漢字2500

一校舎漢字研究会・編

はじめに

みなさんは「一入」と書かれた漢字を見て、何と読みますか。

「一」も「入」も小学校低学年で習うやさしい漢字ですが、これを「ひとしお」と読める人は意外と少ないのではないでしょうか。

私たちが日頃、何気なく使っている言葉の中には「改竄」「拉致」「科白」などのように、常用漢字以外の漢字を用いたり、常用漢字表に定められた基本的な読み方では読むことのできない言葉も少なくありません。

本書では、言葉としては馴染み深いけれど、いざ漢字で書いてあるとなかなか読めない語をさまざまな分野から厳選して収録しました。

難易度によって「常識編」「実力編」「超難読編」の三つの章に分けてあります。

本書が、知的で豊かな生活のために、少しでもお役にたてればと願ってやみません。

一校舎漢字研究会

目次

第1章

常識編

この章では、常用漢字表に定められた漢字を用いた語および常用漢字以外の漢字を用いた語のうち、ごく日常的に使われているものを収録しました。

●漢字検定レベル　主に2級〜準1級

女婿

披瀝

颱風

大字

夜伽

肥沃

嫉妬

暖簾

贅沢

慟哭

十二単

鋳鉄

遮蔽

猪突猛進

一艘

瞠目

瞞着

銑鉄

篝火

技倆

乖離

野暮

素封家

紺碧

真摯

じょせい
娘むこ。

ひれき
心中を素直にさらけ出すこと。

たいふう
夏から初秋にかけて発生する暴風雨。

おおあざ
町や村の中の区画。

よとぎ
夜寝ずに付き添うこと。共寝をすること。

ひよく
土地が肥えていること。

しっと
ねたみ。ジェラシー。

のれん
店の軒先に下げる日よけの布。

ぜいたく
必要以上に費用をかけるさま。身をわきまえないさま。

どうこく
大声で泣くこと。

じゅうにひとえ
平安時代の女官の服装。

ちゅうてつ
鋳造に適した鉄の合金。

しゃへい
さえぎって見えなくすること。

ちょとつもうしん
まっしぐらに突進すること。

いっそう
「艘」は船を数える語。

どうもく
目を見張ること。驚きをもって見ること。

まんちゃく
ごまかすこと。欺くこと。

せんてつ
「ずくてつ」とも読む。炉で溶かしたばかりの不純な鉄。

かがりび
夜間の警備や漁などのためにたく火。

ぎりょう
腕まえ。手腕。

かいり
かけ離れていること。

やぼ
洗練されていないこと。世事に疎いこと。

そほうか
資産家。財産家。

こんぺき
濃い青色。

しんし
真面目。真剣。

倹しい 後裔 嗚咽 措く 寄席

汀 愈愈 朦朧 甲殻類 諷刺

師走 歩哨 挟撃 走狗 否む

舌鼓 香車 欣喜雀躍 箴言 偸盗

現 辱める 惑溺 無辜 迂闊

つましい 質素だ。

こうえい 子孫。

おえつ むせび泣くこと。

おく やめる。除く。「筆を措く」

よせ 人を集めて落語などを聞かせる場。

みぎわ 「なぎさ」とも読む。水際。

いよいよ ますます。とうとう。ついに。

もうろう ぼんやりしていて、正体がつかめないさま。

こうかくるい 体が殻で覆われている生物。エビやカニの類。

ふうし 他のことにかこつけて批判すること。

しわす 陰暦十二月の異称。

ほしょう 監視・警戒の任務にある歩兵。

きょうげき 両側から敵を挟み撃ちにすること。

そうく 手先。

いなむ 否定する。断る。

したつづみ 料理を賞味して舌を鳴らすこと。

きょうしゃ 将棋の駒の一つ。

きんきじゃくやく 小躍りして喜ぶこと。

しんげん 格言。戒め。

ちゅうとう 泥棒。盗人。

うつつ 現実。正気。

はずかしめる 恥をかかせる。地位や名誉をけがす。

わくでき あることに夢中になり正しい判断ができなくなること。

むこ 罪のないこと。「無辜の民」

うかつ うっかりするさま。

頭巾

亜米利加

涎

糠味噌

攪拌

行脚

終焉

居丈高

倨傲

偲ぶ

硯

柳眉

兵糧

歯槽膿漏

峻厳

縋る

蠕動

乃ち

逢着

面舵

揮毫

修験者

雲霞

脚気

仲人

ずきん
頭にかぶる布製のもの。

アメリカ
アメリカ大陸。特にアメリカ合衆国を指す。

よだれ
口から垂れたつば。

ぬかみそ
米糠に塩を加えて醗酵させたもの。漬物を作る。

かくはん
「こうはん」とも読む。かきまぜること。

あんぎゃ
僧が諸国をめぐって修行すること。

しゅうえん
死ぬこと。物事が終わること。

いたけだか
相手をおさえつけるような態度。

きょごう
威張って人を見下すさま。

しのぶ
思い起こして懐かしむ。「故人を偲ぶ」

すずり
墨をするための石の道具。

りゅうび
女性の美しい眉。「柳眉を逆立てる」は美人が怒る意。

ひょうろう
軍隊の食糧。「兵糧攻め」は敵軍の食糧を断つ戦法。

しそうのうろう
歯茎からうみが出る病気。

しゅんげん
おごそかで厳しいさま。

すがる
しがみつく。頼る。依存する。

ぜんどう
うごめくこと。消化に伴う胃や腸の動き。

すなわち
そこで。

ほうちゃく
出くわすこと。

おもかじ
船の舵を右にとること。

きごう
筆を執って字や絵をかくこと。

しゅげんじゃ
山中で難行・苦行を行って仏道を修める行者。

うんか
雲とかすみ。転じて人が大勢いることのたとえ。

かっけ
ビタミンB_1の欠乏のために起こる足のしびれやむくみ。

なこうど
結婚の媒酌をする人。媒酌人。

瀟洒

鋏

折檻

怪訝

拉致

濾過

弁える

掬う

三十路

梗塞

膠着

穀潰し

白無垢

杏子

漸進

疳の虫

愛妾

砥石

紡ぐ

舳先

逓信

成就

芳醇

舎人

訛

しょうしゃ
シックで洗練されているさま。

はさみ
紙などを挟んで切る道具。

せっかん
体罰を与えて懲らしめること。

けげん
「かいが」とも読む。不思議がるさま。

らち
無理に連れ去ること。

ろか
液体や気体をこして、固形物を取り除くこと。

わきまえる
物の道理を心得る。分別する。

すくう
液体などをくみとる。「谷川の水を掬って飲む」

みそじ
三十歳。

こうそく
ふさがって通じなくなること。「心筋梗塞」

こうちゃく
物事の状態が固定して動かなくなること。

ごくつぶし
食べるだけで何のとりえもない者。

しろむく
白一色の着物。

あんず
梅に似た果樹。ジャムなどの材料になる。

ぜんしん
徐々に進むこと。

かんのむし
夜泣きをしたり発作的に興奮したりする性質。

あいしょう
かわいがっている愛人。妻以外の恋人。

といし
刃物を研ぐための石。

つむぐ
綿や繭から引き出した繊維をよって糸にする。

へさき
船首。

ていしん
郵便や電信・電話などを取り次ぐこと。

じょうじゅ
物事が実現すること。

ほうじゅん
酒などの香りがよいさま。

とねり
皇族や貴族に仕えて、雑務を行った下級官吏。

なまり
その地方独特の発音。

石高
宥和
炭団
五臓六腑
拵える

建立
陋巷
押韻
僅少
一期一会

鑑みる
煩悩
霊廟
彽徊
鍔

進捗
火影
困憊
鮪
時宜

出穂期
木端微塵
緘口令
僧正
御神酒

こくだか
米の収穫量。江戸時代の武士の扶持高（ふちだか）。

ゆうわ
相手の態度を大目に見て、仲良くすること。

たどん
炭の粉をこねてまるめた燃料。

ごぞうろっぷ
体の内部のすべて。

こしらえる
作り出す。

こんりゅう
仏教の堂や塔を建てること。

ろうこう
狭くてきたない町なか。

おういん
詩歌で、韻をふむこと。

きんしょう
ほんのわずか。

いちごいちえ
一生に一度だけの出会い。

かんがみる
諸事情を考え合わせて判断する。

ぼんのう
仏教の修行の妨げとなる欲望や情念など。

れいびょう
先祖などの霊をまつった建物。

ていかい
考え事をしながら歩き回ること。「低徊趣味」

つば
刀の柄と刀身との間に挟む鉄板。帽子の突き出た部分。

しんちょく
作業などがはかどること。

ほかげ
火の光。灯火の光にうつしだされた物影。

こんぱい
疲れ果てること。「疲労困憊」

まぐろ
サバ科の大形の魚。

じぎ
ちょうどいい時期。「時宜にかなった挨拶」

しゅっすいき
イネの穂が出る時期。

こっぱみじん
粉々に砕けること。

かんこうれい
勝手な発言を禁じる命令。

そうじょう
僧官の一つ。最上級の位。

おみき
神に供える酒。

馨しい　呪詛　若人　憑依　拘泥

籐椅子　孕む　擽る　呂律　杜氏

生贄　絞殺　軍鶏　招聘　上梓

一頻り　在処　邂逅　諂る　錯綜

雑炊　宰相　有耶無耶　烏合　烙印

かぐわしい
香りがよい。美しい。

じゅそ
のろい。

わこうど
若者。

ひょうい
神や霊魂がのりうつること。

こうでい
こだわること。

とういす
籐を編んで作ったいす。

はらむ
妊娠する。含み持つ。「危険を孕む」

くすぐる
皮膚に触れてこそばゆい気持ちにさせる。

ろれつ
言葉の調子。「呂律が回らない」

とうじ
「とじ」とも読む。酒を造る職人。

いけにえ
生きたまま神に供える生き物。

こうさつ
首を絞めて殺すこと。「絞殺死体が発見される」

シャモ
闘鶏用の大形のニワトリ。

しょうへい
人を招くこと。

じょうし
本などを出版すること。

ひとしきり
盛んな状態がしばらく続くさま。「雨が一頻り降った」

ありか
ある場所。いる場所。

かいこう
思いがけなく再会すること。巡り会うこと。

はかる
意見を聞く。相談する。

さくそう
複雑に入り組むこと。

ぞうすい
野菜などを入れたかゆ。

さいしょう
総理大臣。首相。

うやむや
はっきりしないままにしておくさま。

うごう
「烏合の衆」で、統一のとれない集団。

らくいん
焼き印。転じて拭い去れない汚名。

杓子　某　読点　逼迫　轍

松明　反物　玉の輿　陰翳　虎視眈眈

玉石混淆　牛車　磊落　腋臭　俄雨

癇癪　息吹　山襞　虚無僧　茄子

囮　庫裏　篆書　豹変　怨嗟

しゃくし
食べ物をすくったり、よそったりする道具。

なにがし
「それがし」とも読む。だれそれ。何とかという人。

とうてん
「、」のこと。

ひっぱく
差し迫ること。経済的に行き詰まること。

わだち
車が通った後に残る車輪の跡。

たいまつ
松・竹・葦（あし）などを束ねて火をつけた昔の照明具。

たんもの
織物。または呉服。「反（たん）」は布の長さの単位。

たまのこし
女性が富豪との結婚によって得る富貴な身分。

いんえい
光の当たらない暗い部分。転じて深い味わい。

こしたんたん
油断なく機会をうかがっているさま。

ぎょくせきこんこう
優れたものと劣ったものとが入りまじっていること。

ぎっしゃ
平安時代、牛に引かせた貴族の乗物。

らいらく
大まかで細かいことにこだわらないさま。「豪放磊落」

わきが
わきの下から出るいやなにおい。

にわかあめ
一時的に降る雨。

かんしゃく
かっとなりやすい性質。

いぶき
息。気配。「春の息吹を感じる」

やまひだ
着物のひだのように見える山肌。

こむそう
尺八を吹きながら行脚（あんぎゃ）する僧。

なす
ナス科の一年草。

おとり
敵などを誘い寄せるために利用するもの。

くり
寺の台所。

てんしょ
漢字の書体の一つ。

ひょうへん
態度などががらりと変わること。

えんさ
無念な気持ち。うらみ。

善哉	猜疑	袂	凱旋	青痣
古稀	梗概	殺ぐ	普請	薙刀
攘夷	不撓不屈	顆粒	雪崩	劫初
付箋	叢	清清しい	食扶持	依怙地
春宵	永訣	捲土重来	氷雨	饅頭

ぜんざい
餡(あん)をまぶしたもち。関西では「お汁粉」を指す。

さいぎ
相手を信用せず、疑うこと。

たもと
着物の袖の、袋のようになっている部分。

がいせん
戦いに勝利して帰ってくること。「凱旋パレード」

あおあざ
打撲などがもとで皮膚に生じた、青紫色の広がり。

こき
七十歳の異称。

こうがい
物語などのあらまし。

そぐ
切り落とす。無くす。「興を殺ぐ」

ふしん
家などを建てたり直したりすること。

なぎなた
長い柄の先に、そった刃のついた武器。

じょうい
入り込んできた外国人を追い出そうとすること。

ふとうふくつ
困難に遭ってもくじけないさま。

かりゅう
小さな粒。

なだれ
雪山などで、斜面の大量の雪が崩れ落ちる現象。

ごうしょ
この世の初め。

ふせん
疑問点や注意点を示すために添付する紙切れ。

くさむら
草の生い茂った所。

すがすがしい
さわやかで気持ちがよい。

くいぶち
食べていくための費用。生活費。

いこじ
意地を張るさま。

しゅんしょう
春の夜。「春宵一刻直(あたい)千金」

えいけつ
永遠の別れ。死別。

けんどちょうらい
「けんどじゅうらい」とも読む。敗者の巻き返し。

ひさめ
ひょうやあられ、みぞれ。冷たい雨。

まんじゅう
小麦粉をこねて丸め、中に餡(あん)などを入れた菓子。

恐懼	寂寥	蕩尽	落剝	瞑目
榎	高野聖	潔い	訊問	稜線
乃至	彫心鏤骨	蘇鉄	苫屋	汎神論
足袋	嗣子	数珠	無尽蔵	僭越
淘汰	鯖	患う	虐げる	捺印

きょうく
恐れおののくこと。

せきりょう
ものさびしいさま。

とうじん
浪費して財産を使い果たすこと。

らくはく
はげ落ちること。

めいもく
目を閉じること。死ぬこと。

えのき
ニレ科の落葉高木。

こうやひじり
勧進のために高野山から諸国に出た僧。泉鏡花の小説。

いさぎよい
未練がましくなく、さっぱりしている。

じんもん
警官などが職務上の質問をすること。

りょうせん
山の尾根の線。

ないし
または。

ちょうしんるこつ
非常に苦心して詩文などを作ること。

そてつ
ソテツ科の常緑樹。

とまや
苫で屋根をふいた小屋。

はんしんろん
神があらゆる物の中に遍在するという考え。

たび
和装の際に足に履くもの。爪先が二つに分かれている。

しし
跡とり。跡継ぎ。

じゅず
「ずず」とも読む。手にかける、玉を連ねた仏具。

むじんぞう
無限にあること。

せんえつ
権限や身分以上に出すぎたことをすること。

とうた
生存競争の結果、不適格なものが滅びていくこと。

さば
サバ科の海魚。

わずらう
病気などにかかる。

しいたげる
むごい扱いをする。

なついん
判を押すこと。

呆気
馬匹
城址
双六
竣工

落人
養蚕業
数奇屋
如月
塹壕

瑠璃
別嬪
薪
蕨
足枷

狷介
浴衣
舌禍
接吻
匙

六書
遁世
睦月
田圃
返戻

あっけ
驚きあきれるさま。「呆気にとられる」

おちゅうど
「おちうど」とも読む。戦に負けて落ち延びた人。

るり
美しい青色の宝石。

けんかい
偏屈で容易に人と打ち解けないさま。

りくしょ
漢字の成り立ちを説明する六つの原理。

ばひつ
馬のこと。

ようさんぎょう
カイコを飼うことをなりわいとすること。

べっぴん
美人。

ゆかた
夏に着る木綿の着物。

とんせい
世を逃れて出家すること。隠居すること。

じょうし
城の跡。

すきや
茶の湯のために建てた茶室。

たきぎ
「まき」とも読む。燃料にする木。

ぜっか
口に出したことが元となって起こる災い。

むつき
陰暦一月の異称。

すごろく
さいころを振って出た目だけ進み、上がりを争う遊び。

きさらぎ
陰暦二月の異称。

わらび
シダの一種。早春にこぶし状に巻いた新葉を出す。

せっぷん
キス。口づけ。

たんぼ
水田。

しゅんこう
工事が完成すること。

ざんごう
敵の攻撃を防ぐための壕。

あしかせ
足にはめる刑具。転じて自由を制する事物を言う。

さじ
スプーン。

へんれい
借りたものを返すこと。返却。

冶金	痔瘻	風采	趨勢	婉曲
夥しい	目深	骨粗鬆症	敵愾心	袷
推敲	殆ど	国許	湯女	耽溺
幇間	傷痍	叢書	伝播	心神耗弱
梱包	矯める	流謫	雹	間諜

やきん
鉱石から金属を精製したり、合金を作ったりする技術。

じろう
肛門付近に穴があいてうみが出る病気。

ふうさい
外見。姿。

すうせい
世の中や物事の変化の先行き。

えんきょく
表現が遠まわしなさま。

おびただしい
数量が非常に多い。

まぶか
帽子などを深くかぶるさま。

こつそしょうしょう
骨がもろくなる病気。

てきがいしん
相手に張り合って勝とうとする気持ち。

あわせ
裏をつけた着物。

すいこう
文章や詩句を何度も練り直すこと。

ほとんど
ほぼすべて。大方。

くにもと
大名が治めている本国。または生まれた土地。

ゆな
江戸時代、湯屋で客の相手をしていた女性。

たんでき
夢中になって他を顧みないこと。

ほうかん
太鼓もち。

しょうい
怪我。傷。「傷痍兵」

そうしょ
一連の書物。シリーズ。

でんぱ
伝わり広まること。

しんしんこうじゃく
精神の障害で、正常に判断する能力が劣っている状態。

こんぽう
縄などをかけて荷造りすること。

ためる
形などを直してよくする。

るたく
「りゅうたく」とも読む。罪により島流しになること。

ひょう
雷雨に伴って降る大粒の氷。

かんちょう
スパイ。

祐筆
鮎
襖
諫死
挨拶

俯せ
牡蠣
爪先
流暢
浅薄

胸襟
有袋類
睥睨
億劫
覿面

燻製
五月雨
蹂躙
築山
縊死

旱魃
廃嫡
我儘
蔑ろ
箒星

ゆうひつ
昔、書類の筆記を司っていた役人。

あゆ
アユ科の淡水魚。香気がある。

ふすま
細い木の骨組みに紙をはった建具。

かんし
主君をいさめるために死ぬこと。

あいさつ
もともとは禅問答のやりとりを指した言葉。

うつぶせ
体の正面を下にして横たわるさま。

かき
イタボガキ科の貝。オイスター。

つまさき
足の先っぽ。

りゅうちょう
話し方がなめらかでよどみのないこと。

せんぱく
浅はかなこと。

きょうきん
胸の内。心中。「胸襟を開いて話し合う」

ゆうたいるい
カンガルーなど、腹にある袋で赤ん坊を育てる動物。

へいげい
横目で見ること。にらみつけること。

おっくう
面倒くさがるさま。

てきめん
効果がすぐに現れるさま。

くんせい
肉や魚を煙でいぶして調理した食品。

さみだれ
陰暦の五月に降る雨のこと。梅雨。

じゅうりん
踏みにじること。「人権蹂躙」

つきやま
庭園の、山に似せて土を盛り上げた部分。

いし
首をくくって死ぬこと。

かんばつ
ひでり。

はいちゃく
家督相続人から相続人としての地位を剝奪すること。

わがまま
自分の思い通りにならなければ気がすまないさま。

ないがしろ
侮り軽んじるさま。

ほうきぼし
すい星。流れ星。

鼈甲	御局	乳母	闊歩	疼痛
産湯	黄金虫	柚	遡及	極楽蜻蛉
林檎	法体	鰐革	疾病	昵懇
神無月	官窯	強面	御璽	惹起
解脱	標榜	矮小	幸若舞	夭折

とうつう
うずくような痛み。

かっぽ
大またで歩くこと。威張って歩くこと。

うば
実の母親に代わって乳を与える役目の女性。

おつぼね
宮中で局という部屋を与えられた女官。

べっこう
ウミガメ科のカメの甲羅を原料とする工芸品の材料。

ごくらくとんぼ
のんきに何も考えず生きている人。

そきゅう
過去にさかのぼること。

ゆず
ミカンに似た常緑小高木。実は香りがよい。

こがねむし
美しい緑色をした甲虫。コガネムシ科。

うぶゆ
生まれたばかりの子を入れる湯。

じっこん
親密で気のおけないさま。

しっぺい
病気。「現代人の三大疾病」

わにがわ
ワニの皮をなめしたもの。

ほったい
「ほうたい」とも読む。剃髪し、法衣を着た僧の姿。

りんご
バラ科の落葉高木。

じゃっき
引き起こすこと。

ぎょじ
天皇の印。

こわもて
おっかない顔つき。また、相手に強く出るさま。

かんよう
朝廷用の陶磁器を生産するために政府が作った窯(かま)。

かんなづき
陰暦十月の異称。

ようせつ
若くして死ぬこと。若死に。

こうわかまい
中世芸能の一つ。桃井直詮が創始したとされる。

わいしょう
背が低いさま。または物事の規模が小さいさま。

ひょうぼう
主義・主張を公然と示すこと。

げだつ
煩悩を去り、何にもとらわれない境地に達すること。

植物の名前

◎**樹木**

□欅　けやき
□櫟　くぬぎ
□木犀　もくせい
□樅　もみ
□楮　こうぞ
□紫陽花　あじさい
□栴檀　せんだん
□椙　すぎ
□満天星　どうだんつつじ
□山桜桃　ゆすらうめ
□真葛　さねかずら
□朴　ほお
□木斛　もっこく
□金縷梅　まんさく

◎**草花**

□蕣　あさがお
□竜胆　りんどう
□秋海棠　しゅうかいどう
□鳶尾　いちはつ
□杜鵑草　ほととぎす
□風信子　ヒヤシンス
□紫雲英　げんげ
□梯姑　でいこ
□苜蓿　うまごやし
□繁縷　はこべ
□虎杖　いたどり
□菘　すずな
□清白　すずしろ
□薇　ぜんまい
□車前草　おおばこ
□姫女苑　ひめじょおん
□犬陰嚢　いぬふぐり
□万年青　おもと
□一人静　ひとりしずか

◎**おもな薬草・毒草**

□蕺草　どくだみ
□曼珠沙華　まんじゅしゃげ
□蘆薈　アロエ
□現の証拠　げんのしょうこ
□枸杞　くこ
□唐胡麻　とうごま
□夷草　えびすぐさ
□走野老　はしりどころ
□巴豆　はず

動物の名前

◎陸にすむ動物

□鼬　いたち
□狆　ちん
□豪猪　やまあらし
□貘　ばく
□熊猫　パンダ
□山羊　やぎ
□鴨嘴　かものはし
□白鼻心　はくびしん
□蠍　さそり
□守宮　やもり
□波布　はぶ
□食蟻獣　ありくい
□狗　いぬ
□獐　のろ

◎水の中にすむ動物

□鮑　あわび
□海星　ひとで
□海鞘　ほや
□磯巾着　いそぎんちゃく
□水蚤　みじんこ
□海獺　ラッコ
□海狸　ビーバー
□海胆　うに
□胡獱　とど
□抹香鯨　まっこうくじら
□蠑螈　いもり
□蛤　はまぐり
□烏賊　いか
□章魚　たこ

◎昆虫

□浮塵子　うんか
□紅娘　てんとうむし
□蜩　ひぐらし
□斑猫　はんみょう
□蜚蠊　ごきぶり
□虻　あぶ
□虱　しらみ
□胡蜂　すずめばち
□甲虫　かぶとむし
□金亀子　こがねむし
□鉦叩　かねたたき

◎空想上の生き物

□天狗　てんぐ
□八岐大蛇　やまたのおろち

煮凝り

剽窃

咄嗟

好事家

古伊万里

潮騒

不埒

鎧戸

頌歌

俘虜

権柄ずく

冒瀆

氾濫

喚く

卯月

稀有

豊頰

傘下

戦く

袴

辟易

飄逸

丼勘定

丁稚

忌憚

にごり
魚を煮た汁が冷めて固まったもの。

ひょうせつ
他人の著作を無断で引用・発表すること。

とっさ
わずかの間。

こうずか
物好きな人。

こいまり
伊万里焼の初期のもの。染め付けと赤絵がある。

しおさい
潮の満ちるときに波が立てる音。

ふらち
道理に外れてけしからぬこと。

よろいど
細長い鉄板を平行に並べ連結した戸。シャッター。

しょうか
神や英雄などをほめたたえる歌。

ふりょ
捕虜。

けんぺいずく
権力に任せて事を行うこと。

ぼうとく
神聖なものをけがし、おとしめること。

はんらん
水などがあふれ出すこと。

わめく
大声でさけぶ。騒ぐ。

うづき
陰暦四月の異称。

けう
まれであること。滅多にないこと。

ほうきょう
ふっくらしたほっぺた。

さんか
ある勢力の支配や統率を受ける立場にあること。

おののく
恐怖でふるえる。

はかま
着物の腰部につけ、足までを覆う衣服。

へきえき
勢いに押されて尻ごみすること。閉口すること。

ひょういつ
世事にとらわれず、気ままなさま。

どんぶりかんじょう
金の使い方がいい加減なこと。

でっち
職人や商人の家に奉公した少年。

きたん
発言を遠慮すること。「忌憚のない意見」

神楽

髣髴

拐帯

鍬形虫

潮汐

毀損

煌めく

改竄

痛痒

溜飲

泌尿器

顔貌

達磨

媚びる

瀑布

一言居士

勃起

挙措

倦怠

明晰

煩悶

憧憬

暇乞い

胡椒

俤

かぐら
神を祭るときに奏する舞楽。

ほうふつ
そっくりで、ありありと見えるさま。

かいたい
持ち逃げすること。「公金を拐帯する」

くわがたむし
鍬形に似た大きな顎(あご)を持つ甲虫。

ちょうせき
潮の満ち干。

きそん
傷つけること。「名誉毀損」

きらめく
きらきら輝く。

かいざん
文書の字句などを勝手に変えてしまうこと。

つうよう
痛みやかゆみ。

りゅういん
「溜飲が下がる」で、胸がすく。

ひにょうき
「ひつにょうき」とも読む。尿の分泌に関わる器官。

がんぼう
「かおかたち」とも読む。顔のかたちやようす。

だるま
中国の禅僧。また、彼の座禅姿をかたどった張子の玩具。

こびる
気に入られるようにふるまう。へつらう。

ばくふ
大きな滝。「ナイアガラ瀑布」

いちげんこじ
何につけ、ひと言意見を言わないと気が済まない人。

ぼっき
力強く立つこと。男性の一物が立つこと。

きょそ
立ち居ふるまい。

けんたい
けだるくて、何もする気にならないさま。「倦怠感」

めいせき
明らかではっきりしているさま。

はんもん
悩みもだえること。

どうけい
「しょうけい」とも読む。あこがれること。

いとまごい
別れの挨拶をすること。休暇を願い出ること。

こしょう
インド原産の木。また、その実からとる香辛料。

おもかげ
記憶に残っている顔などの印象。

蜘蛛　毀誉褒貶　紫苑　否応　出不精

与する　愚弄　梨園　謙る　生兵法

艶かしい　鎮守　首肯　蒼穹　好好爺

魔羅　澄明　御節　悄然　翡翠

遺憾　阿呆　顛末　蚊帳　世迷言

くも
八本足の節足動物。糸を出すのが特徴。

きょほうへん
ほめることとけなすこと。

しおん
キク科の多年草。紫色の花を咲かせる。

いやおう
不承知と承知。「否応なしに」

でぶしょう
外出するのを面倒くさがること。または、そういう人。

くみする
味方する。参加する。

ぐろう
ばかにしたり、からかったりすること。

りえん
歌舞伎界のこと。

へりくだる
自分を低く扱う。謙遜する。

なまびょうほう
生かじりの技術や知識。「生兵法は大けがのもと」

なまめかしい
あでやかで色っぽい。

ちんじゅ
その土地の守護神。

しゅこう
うなずくこと。同意すること。

そうきゅう
青空。

こうこうや
いかにも優しげなおじいさん。

まら
男性の一物。仏道修行の妨げになるものの意味。

ちょうめい
澄み切って明るいこと。

おせち
正月に出す料理。おせち料理。

しょうぜん
元気をなくしてしょんぼりするさま。

かわせみ
「ひすい」とも読む。カワセミ科の鳥。

いかん
心残りであること。残念。「遺憾の意を表する」

あほう
ばか者。愚か者。

てんまつ
事の初めから終わりまでの事情。

かや
つりさげて蚊を防ぐ網状の覆い。

よまいごと
無意味な愚痴をだらだらと言うこと。

泰斗
仕種
刺繍
大島紬
閏年

欽定
貪婪
醍醐味
払暁
帰依

克己心
矜持
斟酌
刮目
粗方

喉頭
浅葱色
遮る
倶楽部
炬燵

靭帯
山麓
皐月
一瞥
一匁

たいと
その方面の大家。大御所。

しぐさ
物事をするときの仕方。演技中の役者の動作。

ししゅう
糸を通した針を刺して布に模様や絵を施すこと。

おおしまつむぎ
奄美大島名産のかすり織りの紬。

うるうどし
四年に一度、一年が三百六十六日ある年。

きんてい
天皇の命令によって制定すること。「欽定憲法」

どんらん
非常に欲が深いさま。

だいごみ
何物にも代えられない楽しみ。

ふつぎょう
明け方。

きえ
神や仏を信じてすがること。「仏教に帰依する」

こっきしん
自らの怠け心や欲望に打ちかつ心。

きょうじ
「きんじ」とも読む。誇り。プライド。

しんしゃく
事情を考慮して取り計らうこと。

かつもく
強い関心を持って見ること。

あらかた
大方。ほとんど。「作業は粗方終わった」

こうとう
気管の上部にあって、咽頭(いんとう)につながる部分。

あさぎいろ
薄い藍色。水色。

さえぎる
じゃまをする。間に何かを入れて見えなくする。

クラブ
共通の趣味や目的を持った人の集まり。同好会。

こたつ
やぐらの中に熱源を置きふとんをかけて暖をとる器具。

じんたい
関節をつなぐ繊維性の組織。

さんろく
山のふもと。

さつき
陰暦五月の異称。またはサツキツツジの略。

いちべつ
ちらりと見ること。

いちもんめ
「匁(もんめ)」は重さの単位。一貫の千分の一。

高邁	八面六臂	放蕩	合羽	牡馬
提灯	涵養	出奔	桂馬	不知火
火照る	明眸皓歯	庇	勾配	山裾
曲者	奸臣	斡旋	凋落	軋む
専ら	嵯峨	屠る	金平糖	無碍

こうまい
すぐれていて気高いこと。

はちめんろっぴ
ひとりで多方面にわたって活躍すること。

ほうとう
夜遊びや賭け事にふけること。

カッパ
雨の時に着るマント状の衣類。

ぼば
雄の馬。

ちょうちん
手にさげて持ち歩くようにできた昔の照明具。

かんよう
学問や教えが自然に養われること。

しゅっぽん
逃げて姿をくらますこと。駆け落ちすること。

けいま
将棋の駒の一つ。「桂馬の高飛び歩の餌食」

しらぬい
九州の八代(やつしろ)海で夜間の海上に見える無数の火影。

ほてる
顔や体が熱くなる。

めいぼうこうし
きれいな目と白い歯。容姿の美しいこと。

ひさし
家の軒先に差し出した小さな屋根。

こうばい
傾斜していること。

やますそ
山のふもと。

くせもの
油断できない者。したたか者。

かんしん
悪事をたくらむ家臣。

あっせん
人と人との間に立って取りもつこと。

ちょうらく
落ちぶれること。

きしむ
みしみしと音を立てる。物と物が擦れて音を出す。

もっぱら
その事ばかり。ひたすら。

さが
山に高低があってふぞろいなさま。山が高く険しいさま。

ほふる
鳥獣の体を切り裂く。敵を皆殺しにする。

コンペイトー
表面に細かい角状の突起のある砂糖菓子。

むげ
障害のないこと。「融通無碍」

天秤	烏帽子	尖塔	剛毅	赤銅
沖積	対峙	跋扈	身体髪膚	蜃気楼
紐帯	奢侈	藪蛇	頓狂	罹病
連歌	詔	闊達	更迭	滔滔
渇仰	雑魚寝	矩形	椋鳥	凌駕

てんびん
重さを量る道具。

えぼし
昔、成人した男子が日常かぶっていたかぶりもの。

せんとう
先のとがった塔。

ごうき
意志が強くて、物事に屈しないさま。

しゃくどう
銅に少量の金銀をまぜた合金。「赤銅色」

ちゅうせき
流水のために土砂などが積み重なること。

たいじ
向かい合って立つこと。対立すること。

ばっこ
思うままに勢力をふるい、のさばること。

しんたいはっぷ
体と髪の毛と肌。体のすべて。

しんきろう
熱のために光が屈折し、空中に物体の影が見える現象。

ちゅうたい
「じゅうたい」とも読む。結びつき。

しゃし
ぜいたく。「奢侈な暮らし」

やぶへび
余計なことをしたばかりに災いを被ってしまうこと。

とんきょう
いきなり調子はずれなことをするさま。「頓狂な声」

りびょう
病気にかかること。

れんが
数人が長句と短句を詠み継いでいく文学。

みことのり
天皇の言葉。

かったつ
心が広く小さな事にこだわらないさま。

こうてつ
その地位・役職の人を替えること。首をすげかえること。

とうとう
水が盛んに流れるさま。「滔滔たる水の流れ」

かつごう
「かつぎょう」とも読む。心の拠り所を強く求めること。

ざこね
大勢が一緒にごろ寝すること。

くけい
長方形。

むくどり
ムクドリ科の鳥。

りょうが
他のものをしのいで、その上に出ること。

悉く

巷間

喧騒

鋳型

尤も

寸毫

蜂起

飯盒

眩惑

辿る

囃子

功徳

恭しい

頻頻

夕凪

蒲団

兵站

伝馬船

切磋琢磨

声音

諒解

醸す

衣紋

拿捕

唯唯諾諾

ことごとく
すべて。何もかも。

こうかん
世間。ちまた。

けんそう
騒がしいこと。

いがた
鋳物を作るために、溶かした金属を流しこむ型。

もっとも
理にかなっているさま。「その言い分は尤もだ」

すんごう
ほんのわずか。

ほうき
反乱を起こすこと。

はんごう
野外で飯を炊くためのアルミ製の容器。

げんわく
目をくらませて惑わすこと。

すべる
なめらかに進む。また、失敗する。「手が辷る」

はやし
能や歌舞伎などで拍子をとったり、伴奏をする音楽。

くどく
善行を積んで得たご利益。またはその行い。

うやうやしい
礼儀正しいさま。「恭しく頭を下げる」

ひんぴん
何度も繰り返し起こるさま。

ゆうなぎ
夕方、海上の風が静まること。

ふとん
床に敷いたり、体にかけたりする寝具。

へいたん
戦場の後方で補給などを担当する機関。

てんません
本船と港の間を結ぶ小舟。はしけ舟。

せっさたくま
互いに競い合って向上をはかること。

こわね
「せいおん」とも読む。声。声の調子。

りょうかい
事情を思いやって容認すること。

かもす
醗酵させる。徐々に生み出す。「物議を醸す」

えもん
着物の襟元。

だほ
他国の船や密漁船を捕らえること。

いいだくだく
人から言われるままに従うさま。「唯唯諾諾と従う」

神神しい

歪曲

素寒貧

橘

富貴

箪笥

種苗

行李

陋劣

凜凜しい

几帳面

八卦

遵守

憂鬱

遊山

朝餉

陽炎

掠める

三位一体

剃髪

蘊蓄

且つ

疎い

霙

蓮華

こうごうしい
尊くて厳かなさま。

わいきょく
ゆがめ、ねじまげること。「事実を歪曲して伝える」

すかんぴん
無一文なこと。非常に貧乏なこと。

たちばな
ミカン科の常緑小高木。古くは、ミカン類の総称。

ふうき
「ふっき」とも読む。財産が多く、家柄もよいこと。

たんす
衣服などをしまうための家具。

しゅびょう
種と苗。

こうり
竹・柳などを編んで作った荷物入れ。

ろうれつ
心が卑しく劣っていること。

りりしい
勇ましくて立派だ。

きちょうめん
きっちりしていて、まめなさま。

はっけ
占い。易。「当たるも八卦当たらぬも八卦」

じゅんしゅ
決まりや命令をよく守ること。

ゆううつ
ものうげで気分が晴れないさま。

ゆさん
山などに遊びに出かけること。「物見遊山に行く」

あさげ
朝食。

かげろう
暖かい日に地面からゆらゆらと立ち昇る気。

かすめる
盗み取る。または間近を通り過ぎる。

さんみいったい
三つのものが一体となること。

ていはつ
髪を剃(そ)って頭を丸めること。

うんちく
経験を通して蓄えてきた知識や見識。「蘊蓄を傾ける」

かつ
一方で。さらに。「歌い且つ踊る」

うとい
よく知らない。親しくない。

みぞれ
とけかかった雪が雨まじりに降る現象。

れんげ
ハスの花。

蔦

繁昌

覗く

末梢

恢復

瓢簞

得物

昏睡

蓑虫

忌忌しい

固唾

傭兵

合歓木

外套

異形

徐に

刺戟

甲冑

菫

浩然

囁く

奇譚

懇ろ

礎

櫓太鼓

つた
ブドウ科のつる植物。塀や壁などにはわせる。

はんじょう
商売が盛んではやっていること。

のぞく
すきまから見る。少しだけ見る。

まっしょう
物の先端。「末梢神経」

かいふく
病気が治り、元の状態になること。

ひょうたん
ウリ科のつる草。またはその実から作った酒の容器。

えもの
手にする武器。

こんすい
意識を失ってさめないこと。

みのむし
ミノガ科のガの幼虫。

いまいましい
しゃくにさわる。腹立たしい。むかつく。

かたず
緊張した時に口中にたまるつば。「固唾をのむ」

ようへい
金銭で雇われた兵士。

ねむのき
マメ科の落葉高木。初夏に紅色の花を咲かせる。

がいとう
洋服の上に着る衣服。オーバー。

いぎょう
特異な形。「化け物」の意で使うことが多い。

おもむろに
何かをゆっくりと行うさま。

しげき
感覚器官に強く働きかけること。

かっちゅう
よろいかぶと。

すみれ
スミレ科の多年草。春、紫色などの花を咲かせる。

こうぜん
水がゆったりと流れるさま。心の広いさま。

ささやく
小声で言う。

きたん
珍しい話。

ねんごろ
親切なさま。親しいさま。

いしずえ
建物などの土台となる石。物事の基礎となる部分。

やぐらだいこ
芝居・相撲のやぐらで打つ太鼓。

早乙女
滴
瑣細
鮨
僧都

範疇
言質
予め
埴輪
鬱蒼

桔梗
謳歌
睦まじい
驕る
懊悩

倅
驕慢
天邪鬼
必須
遮二無二

稠密
小姑
項
啄む
凸凹

さおとめ
田植えをする若い女性。

しずく
水の粒。

ささい
取るに足らないこと。つまらぬこと。「瑣細な出来事」

すし
酢をまぜた飯に魚介類や野菜を添えた食品。

そうず
僧の官位の一つ。僧正（そうじょう）の次の位。

はんちゅう
種類。カテゴリー。

げんち
後々証拠となる言動。「言質を取る」

あらかじめ
前もって。「予め用意しておく」

はにわ
古墳の副葬品として埋められた土製の素焼きの人形。

うっそう
薄暗いほど草木が茂っているさま。

ききょう
キキョウ科の多年草。秋の七草の一つ。

おうか
幸せな境遇を十分楽しむこと。「青春を謳歌する」

むつまじい
仲がよい。

おごる
威張る。人を見下す。

おうのう
悩みもだえること。

せがれ
息子。

きょうまん
おごり高ぶって人を見下すさま。

あまのじゃく
人の言うことにわざと逆らうひねくれ者のこと。

ひっす
必要不可欠なこと。

しゃにむに
ひたすら。むやみやたらに。

ちゅうみつ
びっしり集まっていること。

こじゅうと
「こじゅうとめ」とも読む。配偶者の姉妹。

うなじ
首筋。えりくび。

ついばむ
鳥がくちばしで突いて食べる。

でこぼこ
「とつおう」とも読む。平らでないさま。

科白
竦む
碩学
操
曙光

艱難
琴線
貶める
杳として
霰

貴顕
媚薬
鋸
蟄居
芸妓

毬藻
鞭撻
給仕
狭間
久遠

憐憫
歯牙
撓む
蒐集
捌く

せりふ
「かはく」とも読む。役者が言う言葉。または言いぐさ。

すくむ
緊張のあまり動けなくなる。

せきがく
大学者。

みさお
志を貫くこと。貞操。

しょこう
夜明けの光。転じて窮地における希望の意でも使う。

かんなん
苦労や困難。「艱難辛苦」

きんせん
心情。情緒。「琴線に触れる」

おとしめる
劣ったものとして扱う。

ようとして
事情がはっきりしないさま。「杳として知れない」

あられ
水蒸気が氷結して降ったもの。

きけん
身分が高く、名の知れていること。

びやく
異性を惚れさせ、みだらな気持ちにさせる薬。

のこぎり
木材などを切るための工具。

ちっきょ
家に閉じこもって出ないこと。

げいぎ
芸者。

まりも
球状の藻。北海道阿寒湖の名物で特別天然記念物。

べんたつ
励ますこと。「ご指導ご鞭撻のほど」

きゅうじ
飲食の席で食事の世話をすること。

はざま
物と物との間。

くおん
永遠。「久遠の理想」

れんびん
あわれみ同情すること。

しが
「歯牙にもかけない」で、問題にもしない。

たわむ
力が加えられてそった形に曲がる。

しゅうしゅう
趣味などで物を集めること。コレクション。

さばく
処理する。

屏風　漆器　枯野　黄昏　金槌

庇護　何卒　彷徨　攪乱　雑沓

嘗て　厚誼　敏捷　勤行　泡沫

放擲　端折る　手練手管　檀那　水無月

寛恕　禽獣　湿疹　逍遥　頒布

びょうぶ
室内に立てて風よけや仕切りに使った道具。

しっき
うるし塗りの器。

かれの
草木の枯れ果てた野。

たそがれ
「こうこん」とも読む。夕方。

かなづち
金属製の槌。また、泳げない人。

ひご
かばい守ること。

なにとぞ
どうか。ぜひ。「何卒よろしく」

ほうこう
さまようこと。

じょうらん
騒ぎ。騒乱。

ざっとう
人が混み合っていること。

かつて
今までに。

こうぎ
心のこもった付き合い。

びんしょう
動きの素早いさま。

ごんぎょう
僧が勤めとして仏前で読経などをすること。

ほうまつ
泡。すぐに消えてしまうもの。「泡沫会社」

ほうてき
投げやりにする。放っておく。

はしょる
着物の裾をまくって帯に挟む。省いて短くする。

てれんてくだ
巧みに人をまるめこむ方法。

だんな
主人。夫。

みなづき
陰暦六月の異称。

かんじょ
心が広くて思いやりがあること。

きんじゅう
鳥と獣。「禽」は鳥の意。

しっしん
皮膚にできる炎症。

しょうよう
ぶらぶらと歩くこと。

はんぷ
多くの人に配ること。

僻む

出臍

殊更

恫喝

獰悪

薫陶

窯元

血漿

急湍

賄い

綺麗

曖昧

痩軀

侏儒

同衾

絢爛

扼殺

牝馬

継母

激甚

佇む

風靡

女形

形而上

静謐

ひがむ
物事をねじ曲げて考える。

でべそ
突き出ているへそ。

ことさら
特に。わざわざ。

どうかつ
おどしつけること。

どうあく
性格が悪くて荒々しいこと。

くんとう
優れた徳で人を感化し教育すること。

かまもと
陶磁器の製造元。

けっしょう
血液中の液体の成分。

きゅうたん
流れの速い浅瀬。

まかない
食事を用意して食べさせること。

きれい
美しい。清い。

あいまい
はっきりしていないさま。明確でないさま。

そうく
やせた体。

しゅじゅ
小さな人のこと。

どうきん
同じ布団に寝ること。男女が交わること。

けんらん
華やかで立派なさま。「絢爛豪華な宮殿」

やくさつ
首を絞めて殺すこと。

ひんば
雌の馬。

ままはは
「けいぼ」とも読む。父の後妻。血のつながりのない母。

げきじん
程度の甚だしいさま。「激甚な被害を受ける」

たたずむ
立ち止まる。立ち尽くす。

ふうび
一斉になびくこと。転じて、広く流行すること。

おやま
「おんながた」とも読む。女役を演じる男の役者。

けいじじょう
抽象的なもの。精神的なもの。

せいひつ
静かでひっそりしているさま。

鳥の名前

◎野山にすむ鳥

□山啄木鳥　やまげら
□小雀　こがら
□黄鶲　きびたき
□善知鳥　うとう
□画眉鳥　ほおじろ
□蚊母鳥　よたか
□仏法僧　ぶっぽうそう
□玄鳥　つばめ
□懸巣　かけす
□松毟鳥　まつむしり
□大瑠璃　おおるり
□鶯　うぐいす
□鶸　ひわ
□雉　きじ
□鶇　つぐみ
□隼　はやぶさ
□孔雀　くじゃく
□郭公　かっこう
□雷鳥　らいちょう
□駝鳥　だちょう
□小綬鶏　こじゅけい
□金糸雀　カナリア
□梟　ふくろう
□慈悲心鳥　じひしんちょう

◎水辺にすむ鳥

□鵆　ちどり
□鴫　しぎ
□鵜　う
□鷭　ばん
□鴨　かも
□鸊鷉　かいつぶり
□鵠　くぐい
□阿比　あび
□水鶏　くいな
□鷽　うそ
□鰺刺　あじさし
□鵤　いかる
□鷗　かもめ
□三十三才　みそさざい
□葭切　よしきり

◎空想上の鳥

□鳳凰　ほうおう
□鵬　おおとり
□八咫烏　やたがらす

魚の名前

◎**おもな海水魚**

□秋刀魚　さんま
□石首魚　いしもち
□太刀魚　たちうお
□笠子　かさご
□鱝　えい
□鯔　ぼら
□小女子　こうなご
□眼張　めばる
□細魚　さより
□魬　はまち
□鰤　ぶり
□鱒　ます
□鱚　きす
□鯵　あじ
□鮭　さけ
□鯊　はぜ
□雌鯒　めごち
□鮊子　いかなご
□鯷　ひしこ
□黍魚子　きびなご
□鰻　うなぎ
□大口魚　たら
□眼撥　めばち
□皮剥　かわはぎ
□間八　かんぱち
□堅魚　かつお
□鱓　うつぼ
□𩸽　ほっけ
□鰰　はたはた

◎**おもな淡水魚**

□鱮　たなご
□石斑魚　うぐい
□山女　やまめ
□岩魚　いわな
□鮒　ふな
□鰣　はす

◎**珍しい魚**

□山椒魚　さんしょううお
□翻車魚　まんぼう
□虎魚　おこぜ
□鮫　さめ
□鱰　しいら
□鯥五郎　むつごろう
□蓑笠子　みのかさご

楊枝	寛ぐ	御託	橋梁	耄る
加持祈禱	嚆矢	巣窟	煉獄	拗ねる
灼熱	燦燦	反駁	憔悴	独楽
大雑把	凶刃	唾棄	旭日	含蓄
蜜柑	黎明	螺旋	脈搏	脳震盪

むしる
毛などをつかんで引き抜く。

きょうりょう
橋。

ごたく
偉そうな言葉。「御託を並べる」

くつろぐ
ゆったりと心身を休める。リラックスする。

ようじ
歯にはさまった物を取り除く道具。

すねる
不満があって素直でない態度をとる。

れんごく
死者の霊が火に焼かれて苦しむ所。

そうくつ
ねじろ。「悪の巣窟」

こうし
物事の始まり。

かじきとう
災いを除き、願いをかなえるために仏に祈ること。

こま
逆円錐形の木などに軸を通して回転させて遊ぶ玩具。

しょうすい
心労や病気のためにやつれること。

はんばく
言い返すこと。反論すること。

さんさん
光り輝くさま。「日光が燦燦とふりそそぐ」

しゃくねつ
焼けるように熱いこと。

がんちく
意味が深くて味わいのあること。「含蓄のある言葉」

きょくじつ
朝日。「旭日昇天の勢い」

だき
下品でけがらわしいとさげすむこと。「唾棄すべき男」

きょうじん
殺人や傷害に使われる刃物。「凶刃に倒れる」

おおざっぱ
細かいことに気を配らないさま。

のうしんとう
頭を強く打って気を失う症状。

みゃくはく
心臓の鼓動に応じた動脈の動き。脈。

らせん
巻貝のようにぐるぐる回っているもの。

れいめい
夜明け。物事の始まり。

みかん
ミカン科の常緑低木。酸味のある黄色い実をつける。

回向

葡萄

常夏

兢兢

午睡

恣意

六甲颪

店子

栄耀

魚河岸

黄疸

雨樋

未曾有

冤罪

胡弓

相槌

舅

草履

椰子

勝鬨

残滓

纏う

詰問

蒟蒻

遣瀬無い

えこう
死者のために仏事を営んで、冥福を祈ること。

ぶどう
ブドウ科の果樹。

とこなつ
一年中夏のようであること。

きょうきょう
びくびくすること。「戦戦兢兢」

ごすい
昼寝。

しい
気ままな考え。思いつき。

ろっこうおろし
六甲山から吹きおろす風。阪神タイガースの応援歌。

たなこ
借家人。

えいよう
「えよう」とも読む。栄えてぜいたくをすること。

うおがし
魚介類を売り買いする市場。

おうだん
肝臓の病気で肌が黄色になる症状。

あまどい
屋根の雨水を受けて流す仕掛け。

みぞう
いまだかってなかったこと。

えんざい
無実の罪。

こきゅう
中国の弦楽器。

あいづち
相手の話に調子を合わせて応答すること。

しゅうと
配偶者の父。

ぞうり
鼻緒のついた平底の履物。

やし
南国で見られる常緑高木。ヤシ科。

かちどき
戦などで勝った時に挙げる歓声。

ざんし
残りかす。

まとう
身に着ける。体を包むようにして着る。

きつもん
相手のしたことを責めて問い詰めること。

こんにゃく
こんにゃく玉を原料とする弾力のある食べ物。

やるせない
やりきれない。

桟敷　蒔絵　紫陽花　烱眼　糧

滑稽　演繹　行灯　禁色　素人

初陣　屹立　象嵌　軍靴　磔刑

偶偶　内裏　厠　楠　米櫃

覚束無い　托鉢　比肩　羽二重　威嚇

さじき
劇場などで高い位置につくられた板敷きの見物席。

まきえ
漆器の表面に金粉などを蒔きつけた工芸。

あじさい
ユキノシタ科の植物で、六〜七月に花を咲かせる。

けいがん
物事の本質を見抜く眼力が鋭いこと。

かて
生きるために必要な食糧。「毎日の糧」

こっけい
おもしろおかしいさま。

えんえき
一般的な原理から個別の命題を推論すること。

あんどん
昔の照明器具。「昼行灯」は役に立たないもののたとえ。

きんじき
皇族以外の者が身に着けることの禁じられた色。

しろうと
専門的な技術を持たない人。アマチュア。

ういじん
初めて出陣すること。

きつりつ
そびえ立つこと。

ぞうがん
金属や木材などの材料に金銀などをはめ込むこと。

ぐんか
軍人の履く靴。

たっけい
「たくけい」とも読む。はりつけの刑。

たまたま
偶然。

だいり
天皇の住む所。皇居。

かわや
便所。

くすのき
クスノキ科の樹木。樟脳の原料となる。

こめびつ
米を保存する箱。

おぼつかない
疑わしい。頼りない。

たくはつ
僧が修行のために家々を回り、米やお金をもらうこと。

ひけん
肩を並べること。匹敵すること。

はぶたえ
薄くてつやのある絹織物。

いかく
おどかすこと。「威嚇射撃」

瞬く

梢

臀部

稚児

芳しい

甘藷

団扇

亘る

慰撫

謀叛

糠喜び

外反拇趾

生生流転

漏斗

偏頗

崩御

蛇足

池畔

馥郁

気障

厭世観

遡る

惻隠

膝下

廐舎

またたく
「しばたたく」とも読む。まばたきをする。

こずえ
木の幹や枝の先。

でんぶ
尻。

ちご
昔、寺などで給仕に使った少年。

かんばしい
香りがよい。具合がよい。「芳しい成果はない」

かんしょ
サツマイモのこと。

うちわ
手であおいで風を送る道具。

わたる
ある期間ずっと続く。ある範囲に及ぶ。

いぶ
慰めいたわること。

むほん
兵を起こして反乱を企てること。

ぬかよろこび
喜んだあとであてが外れて喜びが無駄になること。

がいはんぼし
足の親指が外側に変形する症状。

しょうじょうるてん
「せいせいるてん」とも読む。万物の永遠の変化。

ろうと
「じょうご」とも読む。口の狭い容器に液体を注ぐ器具。

へんぱ
人の扱いが偏っていて公平でないこと。

ほうぎょ
天皇・皇后・国王などが亡くなること。

だそく
余計なもの。余計なつけたし。

ちはん
池のほとり。

ふくいく
香りのよいさま。

きざ
格好をつけて気取っているさま。

えんせいかん
人生は無意味なものだとする悲観的な考え。

さかのぼる
川の上流に向かって進む。過去に立ち返る。

そくいん
同情すること。「惻隠の情」

しっか
ひざもと。「祖父の膝下で育てられる」

きゅうしゃ
うまや。競走馬の管理を行う所。

収斂

寵児

居候

納戸

雌伏

暫時

団欒

市井

尾骶骨

慮る

渉猟

介錯

夏至

怯える

駿馬

匠

慇懃

頷く

巫女

馭者

分水嶺

煮沸

三つ巴

樟脳

予鈴

しゅうれん
縮まること。一点に集まること。

ちょうじ
特別にかわいがられている子供。世間の人気者。

いそうろう
他人の家に住まわせてもらうこと。また、その人。

なんど
衣類や調度類等をしまっておく部屋。

しふく
実力を養いながら将来の活躍の機会を待つこと。

ざんじ
しばらくの間。

だんらん
親しい者同士が集まって、和やかに語り合うこと。

しせい
町なか。ちまた。「市井の民の声」

びていこつ
尾骨。背骨の下端の骨。

おもんぱかる
様々な要素を考え合わせる。考慮する。

しょうりょう
あれこれと広くあさること。

かいしゃく
切腹した武士の首をはねること。またその役目の人。

げし
昼が最も長く、夜が最も短くなる日。六月二十二日ごろ。

こらえる
我慢する。たえる。

しゅんめ
足の速い、すぐれた馬。

たくみ
職人。名人。

いんぎん
丁寧で礼儀正しいさま。

うなずく
首を縦に振る。了承する。

みこ
「ふじょ」とも読む。神社に仕える女性。

ぎょしゃ
馬を操る人。

ぶんすいれい
雨水をいくつかの河川の流れに分ける山の峰々。

しゃふつ
煮たてること。

みつどもえ
三者が入り乱れて張り合うこと。

しょうのう
クスノキを原料とした白色の結晶体。防虫剤等にする。

よれい
本鈴の前に予告として鳴らすベル。

骨董

琴柱

自棄糞

磐石

早苗

河童

快哉

縷縷

酢酸

登攀

汲汲

緑青

僥倖

佃煮

舗装

汚穢

襦袢

懸想

飛翔

詳らか

向日葵

猥褻

陥穽

出納

蘆

こっとう
古道具・古美術の類。アンティーク。

ことじ
琴の胴の上に立てて弦を支えたり音を調節する用具。

やけくそ
自暴自棄になること。すてばち。

ばんじゃく
強固で動かしがたいさま。

さなえ
苗代から田へ移し植える頃の稲の苗。

かっぱ
頭に皿のある想像上の動物。

かいさい
快いと思うこと。「快哉を叫ぶ」

るる
長々と続くさま。またはこまごまと話をするさま。

さくさん
酢の主成分をなす物質。

とうはん
「とはん」とも読む。山に登ること。

きゅうきゅう
一つのことに精一杯になるさま。

ろくしょう
銅に生じる緑色のさび。また、それを使った顔料。

ぎょうこう
思いも寄らなかった幸運。

つくだに
魚介類や海苔などを調味料で味濃く煮た食品。

ほそう
路面をアスファルトなどで固め整えること。

おわい
汚いもの。糞尿。

じゅばん
和服の下着。

けそう
異性を恋い慕うこと。

ひしょう
空を飛ぶこと。

つまびらか
詳しい。詳細だ。

ひまわり
キク科の一年草。夏に大形で黄色の花を咲かす。

わいせつ
みだらでいやらしいさま。

かんせい
わな。人を陥れる計略。

すいとう
金銭の出し入れ。「役場の出納係」

あし
水辺に群生する植物。

逸早く　鵜匠　工廠　陋屋　覆す

卜占　桟橋　琥珀　惣菜　彫塑

亜細亜　姥桜　鐘楼　軋轢　算盤

枕頭　忽然　白檀　作務衣　雄勁

古刹　有職故実　格子　涅槃　曇天

いちはやく
他よりもはやく。

うじょう
「うしょう」とも読む。鵜飼いを業とする人。

こうしょう
軍直属の兵器工場。

ろうおく
狭くてむさ苦しい家。

くつがえす
ひっくり返す。裏返す。

ぼくせん
占い。

さんばし
船着き場の海に突き出た部分。

こはく
澄んだ黄褐色の宝石。太古の樹脂が固まったもの。

そうざい
おかず。

ちょうそ
彫刻と塑像。または彫刻の原型となる塑像を作ること。

アジア
日本から中国、インド、中近東にわたる地域。

うばざくら
若くなくなってもなまめかしさを漂わせている女性。

しょうろう
鐘を鳴らす堂。

あつれき
きしみあい。人と人が反目しあうこと。仲たがい。

そろばん
計算用具の一つ。「算盤をはじく」

ちんとう
枕元。「枕頭の書」は愛読書のこと。

こつぜん
突然。にわかに。「忽然と姿を消す」

びゃくだん
ビャクダン科の常緑高木。心材は堅く芳香がある。

さむえ
僧が掃除などの作業をする時に着る衣服。

ゆうけい
文章や書画が雄々しく力強いさま。「雄勁な筆遣い」

こさつ
由緒ある古い寺。

ゆうそくこじつ
朝廷や武家の慣例、行事などに関する古来のきまり。

こうし
細い角材を縦横に組んで作ったもの。

ねはん
煩悩を滅した悟りの境地。また、釈迦(しゃか)の死。

どんてん
曇り空。

雅やか	刎頸	法螺	懶惰	芙蓉
倭寇	嬰児	蝗	誹謗	穿孔
羨望	障碍	出立	贋作	倦む
餬口	虞	暫く	開眼法要	彼我
女将	玲瓏	姑息	跳梁	健啖家

みやびやか
上品で優雅なさま。

ふんけい
「刎頸の交わり」で、終生の親しい交わり。

ほら
ほら貝。またはうそのまじった、大げさな話。

らんだ
「らいだ」とも読む。だらしなく、ものぐさなさま。

ふよう
ハスの花の別称。またはアオイ科の落葉低木。

わこう
室町時代、朝鮮や中国の沿岸を荒らした海賊。

えいじ
「みどりご」とも読む。赤ん坊。

いなご
バッタ科の昆虫。

ひぼう
人の悪口を言うこと。「誹謗中傷」

せんこう
穴があくこと。穴をあけること。

せんぼう
人をうらやむこと。

しょうがい
「しょうげ」とも読む。さまたげ。邪魔。

しゅったつ
旅行に出かけること。

がんさく
にせの作品。

うむ
「あぐむ」とも読む。飽きる。または、もて余す。

ここう
生計を立てること。「餬口をしのぐ」

おそれ
心配。

しばらく
少しの間。

かいげんほうよう
仏像が完成した時に供養して眼を入れる儀式。

ひが
相手と自分。

おかみ
「じょしょう」とも読む。飲食店・宿屋などの女主人。

れいろう
玉などが美しく澄んだ音をたてるさま。

こそく
その場しのぎなこと。「姑息な手段」

ちょうりょう
悪人などが、我が物顔にふるまうこと。

けんたんか
よく食べる人。大食漢。

件	模糊	迂遠	霜害	払拭
溌剌	昔気質	嬌声	睫	健気
訝る	甍	埠頭	湖沼	大袈裟
脆弱	焚火	痒い	誤謬	波濤
供物	狼狽	伺候	踵	把手

くだん
既に話題になったことを指す言葉。例の。

もこ
はっきりとわからないさま。「曖昧模糊」

うえん
まわりくどいさま。

そうがい
霜によって農作物が被害を受けること。

ふっしょく
ぬぐい去ること。

はつらつ
元気に満ちあふれているさま。

むかしかたぎ
律儀で頑固な、昔ながらの気性。

きょうせい
女性のなまめかしい声。

まつげ
まぶたに生えている毛。

けなげ
幼い者が困難に勇ましく立ち向かうさま。

いぶかる
あやしむ。疑う。

いらか
屋根のかわら。またはかわらぶきの屋根。

ふとう
波止場。

こしょう
湖と沼。

おおげさ
必要以上に誇張しているさま。

ぜいじゃく
もろくて弱いさま。

たきび
戸外で枯葉などを燃やして暖をとること。

かゆい
肌がむずむずしてかきたい感じである。

ごびゅう
誤り。まちがい。

はとう
高い波。

くもつ
神仏への供え物。「供物を捧げる」

ろうばい
うろたえること。「狼狽の色を隠せない」

しこう
ご機嫌伺いに行くこと。

かかと
「きびす・くびす」とも読む。足の裏の後ろの部分。

とって
「はしゅ」とも読む。器などの手に持つ部分。

守株　老獪　熱燗　菖蒲　渾沌

捏造　従容　任俠　博打　紅蓮

鉄槌　金襴緞子　弄ぶ　殺める　閃光

竹輪　灌漑　閨房　饒舌　御利益

山車　公達　雄叫び　執拗　碧空

しゅしゅ
古い習慣に固執して進歩のないこと。

ろうかい
経験を積んでずる賢いこと。

あつかん
酒を熱く温めたもの。

しょうぶ
「あやめ」とも読む。植物の名。

こんとん
雑然とまじり合って、はっきりしないさま。カオス。

ねつぞう
でっちあげること。

しょうよう
ゆったりと落ち着いているさま。

にんきょう
強きをくじき、弱きを助ける気性。男気。

ばくち
賭け事。ギャンブル。「博徒」はギャンブラーのこと。

ぐれん
燃えるような赤。真紅。「紅蓮の炎」

てっつい
かなづち。「鉄槌を下す」は厳しく断罪する意。

きんらんどんす
錦の地に金糸で模様を織った織物。

もてあそぶ
いじって遊ぶ。好き勝手に扱う。

あやめる
殺す。

せんこう
瞬間的にきらめく光。

ちくわ
すりつぶした魚肉を原料とする円筒形の食品。

かんがい
田畑に水を引いて行き渡らせること。

けいぼう
寝室。特に女性の部屋。

じょうぜつ
おしゃべりなさま。

ごりやく
神仏による恵み。

だし
祭りの時に引く車。

きんだち
平安時代の貴族の子息。

おたけび
勇ましい叫び。「雄叫びを挙げて突撃する」

しつよう
しつこいさま。

へきくう
青空。

凡例

手鞠

八紘一宇

逢瀬

玄人

杞憂

法度

咆哮

紫檀

時雨

澱む

恬淡

雛形

俎上

鼠蹊部

漁火

祝詞

石窟

衒学的

齟齬

刃傷

乾坤一擲

暗澹

蒼惶

案山子

はんれい
書物の初めに、その本の利用法などを示したもの。

てまり
手でついて遊ぶためのまり。

はっこういちう
全世界は本来一つであるということ。

おうせ
男女が人目を忍んで会う機会。

くろうと
専門家。プロ。

きゆう
余計な心配。取り越し苦労。

はっと
規則として禁じられていること。

ほうこう
獣がほえること。

したん
マメ科の常緑高木。上等な家具材として使われる。

しぐれ
秋から冬にかけて降るにわか雨。

よどむ
水や空気の流れが止まってどんよりする。

てんたん
性格がさっぱりしているさま。

ひながた
模型。書類などのテンプレート。

そじょう
まないたの上。転じて議題に上がること。

そけいぶ
ふとももの付け根の部分。

いさりび
「ぎょか」とも読む。夜、魚を誘い寄せるためたく火。

のりと
神道で神官が読み上げる文章。

せっくつ
岩にあいた洞穴。いわや。

げんがくてき
学識を必要以上にひけらかすさま。

そご
物事が食い違うこと。「齟齬をきたす」

にんじょう
刃物で人を傷つけること。「刃傷沙汰」

けんこんいってき
運命をかけた大勝負に出ること。

あんたん
見通しが暗く、希望が見えないさま。「暗澹たる思い」

そうこう
あわてふためくさま。

かかし
田畑に立てて鳥を追い払うための人形。

第2章

実力編

この章では、主として常用漢字音訓外の読み方をする語および常用漢字以外の漢字を用いた語のうち、比較的日常生活で使われることの多いものを収録しました。

●漢字検定レベル　主に準1級～1級

厄年
甲斐性
奉行
狂瀾怒濤
小豆

無花果
海苔
逢引
鼓腹撃壌
煎餅

天麩羅
厄介
椎茸
彗星
打遣り

丑三つ時
尾頭付
河馬
将に
法被

古諺
阿弗利加
一張羅
母屋
喘息

やくどし
災難にあいやすいとされる年齢。

かいしょう
生活を支えていこうとする気力。生活力。

ぶぎょう
江戸時代の官職。司法・行政の最高責任者。

きょうらんどとう
荒れ狂う大波。

あずき
黒味を帯びた赤色の豆。赤飯やあんの材料となる。

いちじく
クワ科の落葉小高木。実は食用。

のり
アサクサノリなどの海藻を紙状に乾かした食品。

あいびき
男女が人目を忍んでデートすること。

こふくげきじょう
平穏無事な日が続くさま。

せんべい
小麦や米を原料とした菓子。

テンプラ
魚介類や野菜に衣をつけて揚げた食べ物。

やっかい
面倒なこと。迷惑なこと。「厄介をかける」

しいたけ
キシメジ科のきのこ。

すいせい
ほうき星。ハレー彗星が有名。

うっちゃり
相撲の決まり手の一つ。

うしみつどき
午前二時ごろ。転じて真夜中。

おかしらつき
鯛を頭と尾のついたまま焼いたもの。祝い用に食する。

かば
カバ科の哺乳動物。アフリカ産。

まさに
ちょうど今。「将に出ようとしていた」

はっぴ
職人などが着る丈の短い上着。

こげん
古くからあることわざ。

アフリカ
六大陸の一つ。人類発祥の地とされる。

いっちょうら
一着しかない上等な衣服。

おもや
住居の中心となる建物。

ぜんそく
発作的に激しいせきが出る病気。

勿忘草

忝い

怜悧

硝子

駕籠

天稟

戦ぐ

益体

漆喰

綸子

胡麻擂

彼処

蕭条

四股名

許婚

緞帳

羽撃く

橙

家鴨

滂沱

転た寝

懶い

塩梅

間歇泉

薬玉

わすれなぐさ
ムラサキ科の多年草。

かたじけない
ありがたい。

れいり
頭がよくて賢い。利口だ。

ガラス
窓やコップなどに使う透明の材質。

かご
人を乗せて前と後ろから担いで運んだ昔の乗り物。

てんぴん
生まれついての才能。

そよぐ
風でそよそよと揺れる。

やくたい
役に立つこと。「益体も無い」

しっくい
壁塗りの材料。石灰などから作る。

りんず
紋織物の一つ。

ごますり
自分の得になるように、人におべっかを使うこと。

かしこ
あそこ。「此処彼処」

しょうじょう
殺風景でものさびしいさま。

しこな
相撲取りの呼び名。

いいなずけ
結婚を約束した相手。婚約者。フィアンセ。

どんちょう
劇場の舞台で、上げたり下ろしたりする幕。

はばたく
鳥などが翼を広げて上下に動かす。

だいだい
ミカン科の常緑低木。ミカンに似た実がなる。

あひる
カモ科の鳥。肉・卵は食用となる。

ぼうだ
涙がとめどなくあふれ出るさま。

うたたね
横になっているうちにうとうとすること。

ものうい
気分が重い。けだるい。

あんばい
味かげん。また、体の調子や物事の具合・様子。

かんけつせん
一定の時間をおいて周期的に噴き出す温泉。

くすだま
造花などで作る飾り物。祝い事や運動会などで使う。

丞相

穿鑿

似而非

刺刺しい

麦酒

厭離穢土

贔屓

尾籠

夾雑

殺陣師

脛齧り

木槿

常磐津

股肱

錫杖

十六夜

鬚髯

筧

掉尾

猛者

柊

柄杓

廓

晒首

夜這

じょうしょう
「しょうじょう」とも読む。昔の中国や日本で、大臣。

せんさく
穴を掘ること。または細かい点まで知ろうとすること。

えせ
うわべは似てはいるが本物ではないこと。

とげとげしい
意地悪げで角が立っているさま。

ビール
大麦を原材料とする醸造酒。

おんりえど
「えんりえど」とも読む。汚れた現世を嫌い離れること。

ひいき
自分の好きなものを特別扱いすること。「贔屓の店」

びろう
汚らしくて人前で話すのがはばかられるさま。

きょうざつ
異質の物がまじりこむこと。

たてし
俳優にたちまわりを教える人。

すねかじり
親から学費や生活費をもらって暮らすこと。

むくげ
アオイ科の落葉低木。

ときわず
浄瑠璃節の一派。

ここう
もともとひじ。転じて頼みになる大切な家来。

しゃくじょう
修験者が持ち歩く杖。

いざよい
陰暦十六日の夜。

しゅぜん
あごひげとほおひげ。

かけひ
「かけい」とも読む。地上や軒先に渡した水を引く樋(とい)。

ちょうび
「とうび」とも読む。物事や文章の最後。「掉尾を飾る」

もさ
勇猛な者。人並み以上にすぐれた者。

ひいらぎ
モクセイ科の常緑小高木。

ひしゃく
長い柄のついた水をくむ道具。

くるわ
城やとりでなどの囲い。または遊郭。

さらしくび
江戸時代、処刑した罪人の首をさらしたこと。

よばい
男が夜中、女の寝床に行って交わること。

琺瑯

手水

出涸らし

勿れ

蓑

飛白

釦

籾殻

土筆

宥め賺す

魯鈍

夷狄

呵責

巴里

半夏生

蹶起

斤量

頡頏

諂う

檜皮葺

烏兎匆匆

折伏

眩暈

雑駁

吝嗇

ほうろう
金属器の表面に焼き付けるガラス質のうわぐすり。

ちょうず
手を洗う水。転じてお手洗い。

でがらし
何杯も入れたあとの、味の薄くなったお茶。

なかれ
…するな。「疑う勿れ」

ひきがえる
カエルの一種。背中にいぼ状の突起がある。

かすり
所々かすれたような模様を織り出した織物。

ボタン
洋服の合わせ目をとめるもの。また、機械のスイッチ。

もみがら
もみ米から玄米を得た後に残る外側の殻。

つくし
早春に地面から頭を出すスギナの胞子茎。

なだめすかす
なだめたり機嫌をとったりする。

ろどん
愚かなこと。愚鈍。

いてき
野蛮人。特に外国人を蔑視した言い方。

かしゃく
責めとがめること。

パリ
フランスの首都。

はんげしょう
夏至から十一日目の日。田植えの終期とされる日。

けっき
決然と行動を起こすこと。

きんりょう
目方。重さ。

きっこう
「けっこう」とも読む。互角の力で張り合っていること。

へつらう
こびる。おもねる。

ひわだぶき
ヒノキの皮で屋根をふくこと。

うとそうそう
年月の過ぎるのが早いこと。

しゃくぶく
説法や祈禱の力で相手を従わせること。

めまい
「げんうん」とも読む。目がくらくらすること。

ざっぱく
さまざまなものが入りまじって統一性がないさま。

りんしょく
もの惜しみが甚だしいこと。けち。

縞鰺
究竟
綴る
栂
和毛

投錨
烏滸がましい
曲尺
態態
悖る

蝟集
耳朶
裳裾
樵
経帷子

駢儷体
七宝
焼べる
落胤
囀る

朴念仁
蜆
霹靂
藹藹
須弥山

しまあじ
アジの一種。

くっきょう
「きゅうきょう」とも読む。結局。つまり。

つづる
つなぎ合わせる。文章を書く。

つが
「とが」とも読む。マツ科の常緑高木。

にこげ
柔らかな毛。

とうびょう
いかりを下ろして船をとめること。

おこがましい
生意気だ。身の程知らずだ。

かねじゃく
直角に曲がった金属製のものさし。

わざわざ
とりたてて。特別に。

もとる
反する。

いしゅう
多くの物が一か所に集まること。

じだ
耳たぶ。「耳朶に残る」

もすそ
裳のすそ。女性の着物のすそ。

きこり
木を伐採することを業とする者。

きょうかたびら
仏式の葬式で死者に着せる白い衣。

べんれいたい
中国の六朝・唐時代に流行した美文体。

しっぽう
七種類の宝物。

くべる
火の中に薪などを加える。

らくいん
貴人が妻以外の女に生ませた子。落としだね。

さえずる
鳥などが鳴く。

ぼくねんじん
無愛想で頭の固い人。

しじみ
シジミ科の二枚貝。食用。

へきれき
急に聞こえてくる雷。「青天の霹靂」

あいあい
和やかで打ち解けたさま。「和気藹藹」

しゅみせん
仏教で、世界の中心にあるとされる高山。

姦しい

孜孜

晦ます

利鞘

蝶番

滑子

欠氷

錚錚

微醺

正鵠

払子

十姉妹

窺知

朱鷺

麝香

狡猾

鼾

虹鱒

御浚い

宦官

撞球

仄か

細雪

誣告

晦渋

かしましい
しゃべり声がやかましい。

しし
一途につとめ励むさま。

くらます
隠す。「姿を晦ます」

りざや
売り買いで得た利益。マージン。

ちょうつがい
開き戸などを開閉させるための金具。

なめこ
キノコの一種。食用になる。

かきごおり
氷を細かく砕いたもの。

そうそう
特にすぐれて立派なさま。「錚錚たるメンバー」

びくん
ほろ酔い。「微醺を帯びる」

せいこく
「せいこう」とも読む。物事の要点。「正鵠を射る」

ほっす
僧が持つはたきに似た道具。

じゅうしまつ
カエデチョウ科の鳥。

きち
うかがい知ること。

とき
サギに似た鳥。特別天然記念物。

じゃこう
ジャコウジカの分泌物から作る香料。

こうかつ
ずる賢いさま。「狡猾なたくらみ」

いびき
睡眠中に呼吸と共に口・鼻から出る、うるさい音。

にじます
サケ科の魚。体側に鮮やかな斑点がある。

おさらい
勉強したことを復習すること。「授業の御浚い」

かんがん
去勢された男子。宮廷に勤めた。

どうきゅう
ビリヤード。

ほのか
わずかに判別できるさま。

ささめゆき
まばらに降る雪。

ぶこく
虚偽の申し立てをして人を陥れること。

かいじゅう
表現がむずかしくて、よくわからないさま。

土耳古

蹲る

橄欖

鱶鰭

恙無い

撒播

結紮

撫子

豌豆

掌

悉皆

鶺鴒

粳米

漣

嘯く

刳り貫く

斯界

疚しい

弱竹

啄木鳥

釉薬

裏漉

扱く

云云

辿る

トルコ
アジア西部の国。

うずくまる
体を丸めてしゃがみこむ。

かんらん
カンラン科の常緑高木。

ふかひれ
サメのひれ。中華料理の高級食材。

つつがない
元気で無事なさま。

さっぱ
「さんぱ」とも読む。一面に種をまくこと。

けっさつ
手術で血管などを縛ること。

なでしこ
ナデシコ科の多年草。秋の七草の一つ。

えんどう
マメ科の植物。種とさやは食用とする。

たなごころ
「てのひら」とも読む。手の内側の部分。

しっかい
すべて。ことごとく。

せきれい
セキレイ科の鳥。水辺にすむ。

うるちまい
もち米ではない、普通の米のこと。

さざなみ
小さな波。

うそぶく
そらとぼける。偉そうに大げさなことを言う。

くりぬく
えぐって穴をあける。

しかい
この方面の世界。

やましい
良心がとがめるさま。後ろめたい。

なよたけ
細くなよなよとした感じの若竹。

きつつき
キツツキ科の鳥の総称。くちばしで木の幹をつつく。

ゆうやく
うわぐすり。陶磁器の表面に塗ってつやを出す。

うらごし
器に網を張って食品をこすこと。

しごく
細長いものを握ってこする。また、厳しく訓練する。

うんぬん
などなど。しかじか。

たどる
道にそって進む。あとを追って探り求める。

絨緞

湯麵

華奢

前轍

截然

牽牛星

鴛鴦

狭霧

衒う

沈香

戯け者

高坏

点綴

焙烙

強ち

政

恪気

土嚢

指嗾

見縊る

隧道

九絵

苛苛

堆い

筌

じゅうたん
毛織物の敷物。

タンメン
中華そばの一つ。いため野菜と塩味のスープが特徴。

きゃしゃ
体つきがほっそりしていて、弱々しいさま。

ぜんてつ
「前轍を踏む」で、前の人と同じ失敗をくり返す。

せつぜん
区別がはっきりしているさま。

けんぎゅうせい
わし座のアルファ星アルタイルのこと。彦星。

おしどり
「えんおう」とも読む。カモ科の水鳥。

さぎり
霧。

てらう
見せびらかす。ひけらかす。

じんこう
熱帯産の香木。また、それからとった香料。

たわけもの
ばか者。愚か者。

たかつき
食物を盛る脚のついた台。

てんてい
「てんてつ」とも読む。ほどよく散らすこと。

ほうろく
素焼きの土鍋。

あながち
必ずしも。一概に。「強ち間違いではあるまい」

まつりごと
政治。

りんき
男女間のやきもち。

どのう
土を詰め込んだ袋。

しそう
そそのかすこと。

みくびる
軽く見る。

すいどう
「ずいどう」とも読む。トンネル。

くえ
ハタ科の海魚。

いらいら
思い通りにならずに気持ちが落ち着かないさま。

うずたかい
高く盛り上がっているさま。

しょう
管楽器の一つ。雅楽に用いる。

漲る
駑馬
瀉血
掏摸
庵

棕櫚
拉麺
瓜実顔
誼み
躑躅

煩い
川獺
本地垂迹
窘める
白粉

御神籤
鬱金
規矩準縄
直垂
高嶺

遍く
膾炙
三味線
晩餐
開闢

みなぎる
満ちあふれる。いっぱいに広がる。

どば
足の遅い馬。転じて才能が劣っている者。

しゃけつ
治療のために静脈から余分な血を出すこと。

すり
人から金品をすりとること。また、そのどろぼう。

いおり
「あん」とも読む。草木などで作った粗末な家。

しゅろ
ヤシ科の常緑高木。

ラーメン
中華そば。

うりざねがお
色白で、瓜の種に似た面長の顔。

よしみ
親しい関係。縁。「昔の誼み」

つつじ
ツツジ科の常緑低木。

うるさい
やかましい。わずらわしい。

かわうそ
イタチ科の哺乳動物で川にすむ。特別天然記念物。

ほんじすいじゃく
仏が衆生を救うために神の姿をかりて現れること。

たしなめる
注意する。叱る。

おしろい
化粧のために顔などに塗る白い粉。

おみくじ
吉凶を占うくじ。

うこん
ショウガ科の植物。根茎は薬用に重用される。

きくじゅんじょう
人の行動の規準となるもの。

ひたたれ
鎌倉時代以降に武士が着た衣服。

たかね
高い山。「高嶺の花」は手の届かないもののたとえ。

あまねく
広く。すべてにわたって。

かいしゃ
「人口に膾炙する」で、世間に知れ渡る。

しゃみせん
邦楽で使う弦楽器。

ばんさん
夕食。会合などの改まった夕食。「最後の晩餐」

かいびゃく
天地が分かれてできたこと。

歪
筏
不束
飄飄
浅蜊

潰瘍
汗疹
蓐瘡
喘ぐ
傅い

兵児帯
蕎麦
公孫樹
行住坐臥
凭れる

亢進
益荒男
海豚
木鐸
御洒落

緊褌一番
木乃伊
対蹠
落葉松
一揖

いびつ
形がゆがんでいるさま。

いかだ
数本の材木を並べて結び合わせ、水に浮かべるもの。

ふつつか
しつけや作法が行き届いていないさま。

ひょうひょう
つかみどころのないさま。

あさり
海浜にすむ二枚貝。

かいよう
皮膚や粘膜などが炎症をおこしてただれること。

あせも
汗のためにできる湿疹。

じょくそう
床ずれ。

あえぐ
苦しそうに息をする。

はかない
あっけない。むなしい。

へこおび
男・子供用のしごき帯。

そば
タデ科の一年草。または、その実を原材料とする食品。

いちょう
イチョウ科の落葉高木。

ぎょうじゅうざが
日常の生活。普段のたちいふるまい。

もたれる
寄りかかる。また、食物が消化されず、胃にたまる。

こうしん
高ぶり進むこと。

ますらお
勇ましくて立派な男。

いるか
クジラに似た海洋動物。頭がよく、愛嬌がある。

ぼくたく
世間の人々を教え導く人。「社会の木鐸」

おしゃれ
服装や髪型などが洗練されているさま。

きんこんいちばん
心を新たに気を引き締めて臨むこと。

ミイラ
人間の死体が腐敗せず、そのままの形で残ったもの。

たいせき
「たいしょ」とも読む。正反対のこと。

からまつ
マツ科の落葉高木。

いちゆう
軽くお辞儀をすること。

兌換紙幣

鉋

暢気

喇叭

襷掛

輜重兵

蹴鞠

頗る

蠱惑

胡坐

鳳仙花

眩しい

別墅

驥足

鱸

枝垂桜

瘴気

禿筆

剽軽者

韜晦

垂涎

諧謔

堰塞湖

猩猩

蜉蝣

だかんしへい
発行者が正貨と交換することを約束した紙幣。

かんな
材木の表面を削って滑らかにする工具。

のんき
のんびりしていて慌てないさま。

らっぱ
金属製の管楽器。トランペットの類。

たすきがけ
線を斜めに交差させた形。

しちょうへい
軍隊で物資の輸送を受け持つ兵。

けまり
「しゅうきく」とも読む。まりを蹴り合う貴族の遊び。

すこぶる
かなり。たいそう。

こわく
人を魅了し、惑わすこと。

あぐら
足を組んで楽に座ること。「胡坐をかく」

ほうせんか
ツリフネソウ科の一年草。

まぶしい
光が強く輝いて、まともに見られないさま。

べっしょ
別荘。別宅。

きそく
駿馬（しゅんめ）の足。転じてすぐれた才能。

すずき
スズキ科の魚。

しだれざくら
サクラの一種。枝が柳のように垂れ下がっている。

しょうき
熱病を起こすとされた熱帯地域特有の毒気。

とくひつ
先のすり切れた筆。自分の詩文を謙遜して言う語。

ひょうきんもの
明るくて人を笑わせるのが得意な人。

とうかい
姿をくらますこと。または、素性を隠すこと。

すいぜん
欲しくてたまらないさま。「垂涎の的」

かいぎゃく
気のきいた冗句。ユーモア。

えんそくこ
溶岩や土砂で水がせきとめられてできた湖。

しょうじょう
猿に似た想像上の動物。またはオランウータン。

かげろう
「ふゆう」とも読む。トンボに似た短命な昆虫。

月の異称

◎**一月**

□年端月　としはづき

□太郎月　たろうづき

□端月　たんげつ

◎**二月**

□初花月　はつはなづき

□梅見月　うめみづき

□雪消月　ゆきぎえづき

◎**三月**

□花見月　はなみづき

□夢見月　ゆめみづき

□春惜しみ月　はるおしみづき

◎**四月**

□卯の花月　うのはなづき

□得鳥羽月　えとりはのつき

□花残月　はなのこりづき

◎**五月**

□狭雲月　さくもづき

□雨月　うげつ

□鶉月　しゅんげつ

◎**六月**

□鳴神月　なるかみづき

□涼暮月　すずくれづき

◎**七月**

□女郎花月　おみなえしづき

□愛逢月　めであいづき

□親月　ふづき

◎**八月**

□月見月　つきみづき

□草つ月　くさつづき

◎**九月**

□菊月　きくづき

□寝覚月　ねざめづき

□紅葉月　もみじづき

◎**十月**

□時雨月　しぐれづき

□初霜月　はつしもづき

□小春　こはる

◎**十一月**

□神楽月　かぐらづき

□神来月　かみきづき

◎**十二月**

□年積月　としつみづき

□春待月　はるまちづき

□限月　かぎりのつき

色の名前

◎**赤系の色**

□韓紅　からくれない
□茜色　あかねいろ
□潤み朱　うるみしゅ
□東雲色　しののめいろ
□代赭色　たいしゃいろ
□赭　あか
□土器色　かわらけいろ
□煉瓦色　れんがいろ
□鳶色　とびいろ
□珊瑚色　さんごいろ
□薔薇色　ばらいろ

◎**茶系の色**

□亜麻色　あまいろ
□丁字色　ちょうじいろ
□飴色　あめいろ
□萱草色　かんぞういろ
□芝翫茶　しかんちゃ
□黄橡　きつるばみ

◎**黄系の色**

□檸檬色　れもんいろ
□砥の粉色　とのこいろ
□生壁色　なまかべいろ
□刈安　かりやす

◎**緑系の色**

□青丹　あおに
□麴塵　きくじん
□海松色　みるいろ
□白緑　びゃくろく
□常磐色　ときわいろ

◎**紫系の色**

□楝色　おうちいろ
□菖蒲色　あやめいろ
□似紫　にせむらさき
□滅紫　けしむらさき

◎**青系の色**

□縹色　はなだいろ
□藍色　あいいろ
□秘色色　ひそくいろ

◎**灰・黒系の色**

□利休鼠　りきゅうねずみ
□灰汁色　あくいろ
□漆黒　しっこく
□鈍色　にびいろ
□煤色　すすいろ

紊乱
釉
喧しい
南瓜
手薬煉

勾玉
腋窩
吐瀉
嘴
土左衛門

膠
醵出
金木犀
蝦夷菊
空蝉

韋駄天
泥濘る
刹那
壊疽
山葵

齧歯類
濃やか
匕首
拱く
鼎談

びんらん
「ぶんらん」とも読む。秩序や道徳を乱すこと。

うわぐすり
陶磁器の表面に塗ってつやを出すもの。

やかましい
うるさい。

カボチャ
ウリ科のつる草。実は食用にする。

てぐすね
「手薬煉ひく」で、準備を整えて待ち構える。

まがたま
古代日本人が装身具に使った玉。

えきか
わきの下のくぼみ。

としゃ
嘔吐と下痢。

くちばし
鳥の長く突き出た口。

どざえもん
水死体。

にかわ
動物の骨・皮・腱（けん）などを原料とした接着剤。

きょしゅつ
事業などに必要な金銭を出し合うこと。

きんもくせい
モクセイ科の常緑小高木。香りのよい花を咲かす。

えぞぎく
キク科の植物。あずまぎく。アスター。

うつせみ
セミの抜け殻。転じてうつろな状態。

いだてん
仏法を守る神。転じて足の速い人。

ぬかる
地面が濡れて軟らかくなる。

せつな
瞬間。

えそ
体の一部の組織が死んだ状態になって腐ること。

わさび
アブラナ科の多年草。根茎は香辛料。清流で育てる。

げっしるい
大きな前歯を特徴とする哺乳動物。ネズミやリスの類。

こまやか
情が厚いさま。または色が濃いさま。

あいくち
「ひしゅ」とも読む。短刀。

こまねく
「こまぬく」とも読む。腕を組む。「腕を拱く」

ていだん
三者で会談すること。

伽羅　殷賑　禰宜　繭糸　鳩尾

芍薬　生姜　不如帰　瓦礫　佩剣

錦繍　瑞瑞しい　門扉　羊歯　介党鱈

反吐　若衆　海鼠　欠伸　坩堝

﨟長ける　梃子　兎角　麒麟　銅鑼

きゃら
沈香(じんこう)からとった香料。

いんしん
人が多く、にぎやかなこと。

ねぎ
神官の位の一つ。

けんし
繭と糸。または繭からとった糸のこと。

みぞおち
「みずおち」とも読む。胸骨の下あたりのくぼんだ部分。

しゃくやく
中国原産の多年草。白や紅の花が咲く。根は薬用。

しょうが
ショウガ科の多年草。辛味のある根は、料理の薬味用。

ほととぎす
ホトトギス科の鳥。

がれき
かわらと小石。「瓦礫の山」

はいけん
腰につけた剣。

きんしゅう
錦の縫いとりをした織物。転じて美しくて豪華なもの。

みずみずしい
つやがあって若々しい。

もんぴ
門のとびら。

しだ
シダ植物の総称。

すけとうだら
タラ科の海魚。

へど
いったん食べたものを吐き出したもの。

わかしゅ
江戸時代の元服前の前髪のある男子。

なまこ
棘皮(きょくひ)動物の一つ。背中に無数のいぼがある。

あくび
血液中の酸素の欠乏によって起こる現象。

るつぼ
耐熱性の容器。また、熱狂した場のたとえ。

ろうたける
経験を積む。洗練される。

てこ
重いものの下に差し込んで押し上げる棒。

とかく
あれこれ。ややもすると。

きりん
中国の想像上の動物。

どら
銅製の打楽器。盆形。

楓

臙脂

塔頭

蕁麻疹

剔出

陰陽師

咄家

暈す

警邏

白皙

突慳貪

硼酸

金色夜叉

橋頭堡

鷺

剪定

揣摩臆測

柘榴

慫慂

押取刀

裂帛

胡散臭い

百舌

狭隘

輻射

かえで
カエデ科の樹木。紅葉が美しい。もみじ。

えんじ
黒みを帯びた赤。

たっちゅう
本寺の境内にある塔。

じんましん
皮膚に赤いぶつぶつができて、非常に痒くなる病気。

てきしゅつ
外科手術などで患部をえぐり出すこと。

おんみょうじ
「おんようじ」とも読む。陰陽道を業とする者。

はなしか
落語家。

ぼかす
ぼんやりとさせる。

けいら
警戒のために見回ること。パトロール。

はくせき
肌の色が白いこと。「白皙の美少年」

つっけんどん
とげとげしく冷淡なさま。

ほうさん
弱酸の一種。無色・無臭。薬用。

こんじきやしゃ
尾崎紅葉の小説。

きょうとうほ
対岸の敵地に設けた攻撃拠点。

さぎ
水鳥の一種。くちばしと頸(くび)が長いのが特徴。

せんてい
花や実がつくように余分な枝を切ること。

しまおくそく
あれこれと推し量ること。あて推量。

ざくろ
ザクロ科の落葉高木。実は食用。

しょうよう
勧めること。

おっとりがたな
取るものも取りあえず、大急ぎで駆けつけること。

れっぱく
きぬを切り裂く音のように鋭い声。

うさんくさい
何となく怪しい。「なんとも胡散臭い男だ」

もず
モズ科の鳥。

きょうあい
狭くて窮屈なさま。

ふくしゃ
光や熱が一点から四方へ放射されること。

敷衍

老舗

所以

熟

猿轡

山姥

知悉

生憎

題簽

瑕疵

焜炉

箏曲

鼾声

四十雀

船縁

嫣然

炊爨

摑む

窄む

饂飩

桎梏

羈絆

蜥蜴

轟く

帰謬法

ふえん
意味などをおしひろめて説明すること。

やまうば
「やまんば」とも読む。山にいるという伝説的な鬼女。

こんろ
炊事用の加熱器具。

えんぜん
女性がなまめかしく笑うさま。「嫣然とほほ笑む」

しっこく
手かせと足かせ。転じて自由を奪うもの。

しにせ
「ろうほ」とも読む。代々続いてきた名店。

ちしつ
知り尽くしていること。

そうきょく
琴を演奏するための楽曲。

すいさん
飯を炊くこと。「飯盒(はんごう)炊爨」

きはん
きずな。束縛。

ゆえん
理由。わけ。

あいにく
都合の悪いさま。「生憎の雨」

かんせい
いびきの音。「鼾声雷の如し」

つかむ
手の指を曲げて物をしっかりと持つ。

とかげ
爬虫類の一種。

つくづく
心底。よくよく。

だいせん
書物の表紙にはる書名を書いた紙・布。

しじゅうから
シジュウカラ科の鳥。

すぼむ
縮んで小さくなる。

とどろく
響く。「雷鳴が轟く」

さるぐつわ
声を出させないように口にかませる手ぬぐいなど。

かし
きず。欠点。

ふなべり
船の側面。ふなばた。

うどん
小麦粉を原料としためん。

きびゅうほう
論理学の用語で背理法のこと。

鳩首

尨毛

膂力

稀覯

饐える

傀儡

逆鱗

象る

素麺

泊夫藍

枇杷

呻吟

鹿威し

空け者

馘首

山茶花

脾臓

羸弱

秋桜

況んや

鶏鳴狗盗

挙って

不躾

紐育

蝦蟇口

きゅうしゅ 人々が集まって相談すること。

むくげ 獣のふさふさと長く垂れさがった毛。

りょりょく 肉体の力。腕力。

きこう 非常に珍しいこと。滅多に見られないこと。

すえる 飲食物が腐ってすっぱくなる。

かいらい 「くぐつ」とも読む。操り人形。

げきりん 「逆鱗に触れる」で、目上の人の怒りを買う。

かたどる 似せて作る。写し取る。

そうめん 麺類の一つ。小麦粉を原料とする。

サフラン アヤメ科の多年草。香辛料・薬用・染色用に利用する。

びわ バラ科の常緑高木。実は食用。

しんぎん 苦しみうなること。

ししおどし 筒の中に水を流して倒し、高い音を出す仕掛け。

うつけもの 愚か者。

かくしゅ 解雇すること。首にすること。

さざんか ツバキ科の常緑小高木。

ひぞう 内臓の一つ。胃の左後ろにある。

るいじゃく 体が非常に弱いこと。

コスモス キク科の一年草。秋にピンクや白の花を咲かせる。

いわんや ましてや。

けいめいくとう つまらない技芸の持ち主。

こぞって 皆がそろって。「挙ってご参加ください」

ぶしつけ 無作法。

ニューヨーク アメリカ東部の都市。マンハッタン島を中心とする。

がまぐち 口金のついた金入れ。

膾

根刮ぎ

打擲

杜若

鹹水湖

羊羹

木耳

弥増す

赫赫

阿漕

木偶の坊

鰈

万屋

誰何

悍馬

味醂

萌葱

鯰

燻らす

海女

餞

糜爛

蟠る

慙愧

辺鄙

なます
酢の物。

ねこそぎ
跡形もなくすっかり。すべて。

ちょうちゃく
ぶつこと。

かきつばた
アヤメ科の多年草。

かんすいこ
塩水をたたえた湖。

ようかん
和菓子の一つ。餡(あん)を寒天で固めたもの。

きくらげ
キノコの一種。中華料理の材料となる。

いやます
ますます増える。さらに程度が進む。

かくかく
「かっかく」とも読む。功績が著しいさま。

あこぎ
ずる賢くて貪欲なさま。「阿漕な商人」

でくのぼう
役に立たない者。

かれい
カレイ科の魚。ヒラメに似て体が平たい。

よろずや
いろいろな種類のものを売る店。雑貨店。

すいか
相手がだれなのか声を出して尋ねること。

かんば
気性の荒い馬。暴れ馬。

みりん
焼酎・もち米・こうじなどからつくる調味用の酒。

もえぎ
黄色がかった緑色。

なまず
川や沼にすむ淡水魚。口にひげがある。

くゆらす
煙を立たせる。「煙草を燻らす」

あま
海に潜って貝などをとる女性。

はなむけ
旅立つ人のために贈る金品や言葉。

びらん
ただれること。

わだかまる
とぐろを巻く。転じて、心にしこりとなって残る。

ざんき
自らを深く恥じること。「慙愧に堪えない」

へんぴ
都会から離れていて不便な土地。

指物師
御御御付け
梨の礫
卒塔婆
堰

駱駝
口遊む
裨益
凩
埴生

誇る
厨子
長閑
斃死
畢竟

莞爾
永久
和蘭
縊れる
塵芥

強か者
肌理
驟雨
屑籠
滾滾

さしものし
板を組み立てて箱やたんすなどを作る職人。

おみおつけ
味噌汁を丁寧に言った言葉。

なしのつぶて
手紙を出しても全く返事が来ないこと。

そとば
「そとうば」とも読む。供養のため墓に立てる板。

せき
水流をせきとめるしきり。「堰を切ったように話す」

らくだ
ラクダ科の哺乳動物。背中にこぶのあるのが特徴。

くちずさむ
何となく心に浮かんだ詩や歌などを軽く声に出す。

ひえき
助けとなり利益となるもの。

こがらし
晩秋から冬にかけて吹く冷たい風。

はにゅう
粘土。粘土のある土地。

そしる
他人の事を悪く言う。

ずし
物を入れる両扉の箱。または仏像を安置する箱。

のどか
のんびりしているさま。

へいし
行き倒れになること。

ひっきょう
結局のところ。

かんじ
にっこりとするさま。

とこしえ
「えいきゅう」とも読む。いつまでも変わらないこと。

オランダ
ヨーロッパの国。風車とチューリップが有名。

くびれる
首をくくって死ぬ。

じんかい
「ちりあくた」とも読む。ちりやごみ。

したたかもの
手ごわい相手。

きめ
肌の表面の細かいあや。「肌理細かい」

しゅうう
にわか雨。

くずかご
ごみを入れるかご。

こんこん
水が限りなくわいてくるさま。

怖気
痘瘡
肚
胡桃
巴旦杏

恰も
吝か
山巓
卍巴
附子

鬩ぐ
跪く
都邑
顴骨
書肆

抽斗
伽藍
紆余曲折
蜈蚣
就中

奸佞
設える
雖も
鯉幟
啖呵

おぞけ
「おじけ」とも読む。ぞっとする気持ち。「怖気を震う」

とうそう
天然痘。

はら
心。本心。「肚を決める」

くるみ
クルミ科の落葉高木。実は食用。

はたんきょう
アーモンドの別称。

あたかも
まるで。ちょうど。「恰も雪のように白い肌」

やぶさか
「吝かでない」で、努力を惜しまない。

さんてん
山のいただき。山頂。

まんじどもえ
「まんじともえ」とも読む。入り乱れているさま。

ぶし
「ぶす」とも読む。トリカブトからとった毒薬。

せめぐ
争う。

ひざまずく
ひざをついて身をかがめる。

とゆう
都会。

かんこつ
「けんこつ」とも読む。ほお骨。

しょし
本屋。

ひきだし
たんすや机の抜き差しができる箱。

がらん
寺院の建物のこと。

うよきょくせつ
事情が込み入っていて、いろいろと変わること。

むかで
毒のある節足動物。

なかんずく
特に。中でも。

かんねい
悪賢く心が卑しいさま。

しつらえる
用意する。

いえども
たとえ…でも。

こいのぼり
端午の節句に立てる鯉の形に作ったのぼり。

たんか
鋭く威勢のいい言葉。「啖呵を切る」

莫迦

轡虫

噫

昴

一畝

偃月刀

匍匐

靨

騾馬

閼伽棚

颯爽

娑婆

託つ

飛蝗

浮腫む

右顧左眄

我武者羅

曳航

衝立

検非違使

膏薬

羅馬

菜箸

麵麭

褶曲

ばか
愚か者。

くつわむし
キリギリス科の昆虫。秋に鳴く。

くしゃみ
「くさめ」とも読む。鼻の粘膜が刺激されて出る症状。

すばる
おうし座にある星団。

いっせ
「畝(せ)」は面積の単位。約〇・九九アール。

えんげつとう
刃が弓張月の形をした刀。中国古来の武器。

ほふく
腹ばいになって移動すること。

えくぼ
笑う時にほおにできるくぼみ。

らば
馬とロバの混血種。

あかだな
仏に供える花や水を置く棚。

さっそう
勇ましく堂々としているさま。

しゃば
仏教における俗界のこと。転じて監獄の外の世界。

かこつ
愚痴を言う。嘆く。「不遇を託つ」

ばった
直翅類(ちょくしるい)に属する昆虫の総称。

むくむ
水がたまるなどして体の一部がふくれる。

うこさべん
周囲を気にして決断しないこと。

がむしゃら
後先を考えず、強引に物事を行うさま。

えいこう
別の船を引っ張って航行すること。

ついたて
室内の仕切りに使う家具。

けびいし
昔の治安・検察・裁判を司っていた職。

こうやく
動物の脂で練った塗り薬。

ローマ
イタリアの首都。また、古代ローマ帝国。

さいばし
料理をする時に使う長い箸。とり箸。

パン
小麦粉から作る食品。

しゅうきょく
地殻に横からの圧力が加わって地層にできたしわ。

遊弋

等閑

合挽

叩頭

勤しむ

襤褸

都都逸

齷齪

眷属

放肆

諍い

閨

笊

大童

禊

人身御供

女犯

斜交い

腎盂

蒲鉾

蓋し

椿事

糟糠

犇く

香具師

ゆうよく
艦船があちこちを航行して待機すること。

なおざり
「とうかん」とも読む。いい加減にしておくこと。

あいびき
牛肉と豚肉を合わせてひいた肉。

こうとう
頭を地面につけてお辞儀すること。

いそしむ
つとめはげむ。

ぼろ
「らんる」とも読む。着古してぼろぼろになった衣服。

どどいつ
俗謡の一つ。七・七・七・五からなる。

あくせく
休む間もなくせっせと働くさま。「齷齪と働く」

けんぞく
一族。親族。「一家眷属」

ほうし
勝手気ままなさま。

いさかい
反目し合うこと。喧嘩。

ねや
寝室。

ざる
水切りなどのために使う竹で編んだ入れ物。

おおわらわ
髪を振り乱すさま。転じて、物事を懸命にするさま。

みそぎ
水を浴びて身を清めること。

ひとみごくう
人をいけにえとして捧げること。

にょぼん
僧が戒律を破って女性と交わること。

はすかい
ななめ。

じんう
腎臓内部の空所。膀胱へと尿を送る。

かまぼこ
白身の魚のすり身に味をつけて蒸した食品。

けだし
思うに。「蓋し名言だ」

ちんじ
思いがけない出来事。

そうこう
粗末な食べ物。「糟糠の妻」は苦労をともにした妻。

ひしめく
多くの人が集まって押し合う。

やし
縁日などで見世物をしたり、品物を売ったりする者。

日本の地名

◎北海道・東北

□音威子府　おといねっぷ
□猿払　さるふつ
□椴法華　とどほっけ
□占冠　しむかっぷ
□和寒　わっさむ
□閉伊　へい
□象潟　きさかた
□温海　あつみ

◎関東

□喜連川　きつれがわ
□碓氷　うすい
□嬬恋　つまごい
□瓜連　うりづら
□匝瑳　そうさ
□潮来　いたこ

◎中部

□頸城　くびき
□婦負　ねい
□羽咋　はくい
□松任　まっとう
□身延　みのぶ
□蓼科　たてしな
□妻籠　つまご
□安曇　あづみ
□常滑　とこなめ
□榛原　はいばら

◎近畿・中国・四国

□度会　わたらい
□乙訓　おとくに
□四条畷　しじょうなわて
□宍道湖　しんじこ
□吉備　きび
□宿毛　すくも

◎九州・沖縄

□宗像　むなかた
□国東　くにさき
□耶馬渓　やばけい
□飫肥　おび
□姶良　あいら
□肝属　きもつき
□指宿　いぶすき
□読谷　よみたん
□中城　なかぐすく
□南風原　はえばる

外国の地名

◎ヨーロッパ・ロシア

□愛蘭　アイルランド
□蘇格蘭　スコットランド
□西班牙　スペイン
□葡萄牙　ポルトガル
□丁抹　デンマーク
□諾威　ノルウェー
□芬蘭　フィンランド
□維納　ウィーン
□瑞西　スイス
□寿府　ジュネーブ
□馬爾塞　マルセイユ
□墺太利　オーストリア
□哥塞牙　コルシカ
□勃牙利　ブルガリア
□漢堡　ハンブルク
□那不児　ナポリ
□威内斯　ヴェニス
□露西亜　ロシア
□西比利亜　シベリア

◎アジア・アフリカ

□馬来　マレー
□新嘉坡　シンガポール
□比律賓　フィリピン
□越南　ベトナム
□河内　ハノイ
□哈爾賓　ハルビン
□亜刺比亜　アラビア
□波斯　ペルシア
□巴基斯坦　パキスタン
□埃及　エジプト
□開羅　カイロ

◎アメリカ・オセアニア

□加奈陀　カナダ
□華盛頓　ワシントン
□桑港　サンフランシスコ
□聖林　ハリウッド
□布哇　ハワイ
□玖馬　キューバ
□羅府　ロサンゼルス
□巴奈馬　パナマ
□智利　チリ
□秘露　ペルー
□伯剌西爾　ブラジル
□濠太剌利　オーストラリア

伴天連

漱ぐ

馬銜

隔靴搔痒

仄聞

馬鈴薯

勿怪

階梯

燥ぐ

梯子

奉奠

七種粥

急遽

繫縛

俚諺

剣呑

信天翁

半纏

漫ろ

只管

草鞋

河豚

艀

畦道

薬缶

バテレン
神父。転じてキリシタン。

くちすすぐ
「すすぐ」とも読む。うがいをする。

はみ
くつわの、馬の口にくわえさせる部分。

かっかそうよう
思い通りにならずにもどかしいこと。

そくぶん
うわさなどで人づてに聞くこと。

ばれいしょ
ジャガイモのこと。

もっけ
意外。思いがけない。「勿怪の幸い」

かいてい
はしご段。または初歩の入門書。

はしゃぐ
浮かれて騒ぐ。調子づいて騒ぐ。

はしご
立てかけて高所に上るための道具。

ほうてん
神前につつしんで捧げること。

ななくさがゆ
一月七日に春の七草を入れて作る粥。

きゅうきょ
大急ぎで。あわてて。「予定を急遽変更する」

けいばく
しばりつけること。自由を束縛すること。

りげん
ことわざ。

けんのん
危ないさま。

あほうどり
アホウドリ科の海鳥。国際保護鳥。

はんてん
羽織に似た丈の短い上着。

そぞろ
「すずろ」とも読む。なんとなく。わけもなく。

ひたすら
一つのことに集中するさま。一途なさま。

わらじ
わらで足形に編んだ履物。

ふぐ
体つきの丸い海の魚。美味だが毒がある。

はしけ
本船と港との間を、乗客や荷物を乗せて結ぶ小舟。

あぜみち
田と田の境の盛り上がった部分を道にしたもの。

やかん
湯を沸かすための金属製の器。

侃侃諤諤

跫音

譫言

誂える

気息奄奄

銛

比丘尼

鳥兜

胡乱

楔

鉈

叡智

弓箭

黐の木

干瓢

窶れる

齎す

晦日

均す

咀嚼

墨西哥

公魚

嗽

十重二十重

掣肘

かんかんがくがく
遠慮なく意見を戦わせること。

きょうおん
足音。「空谷（くうこく）の跫音」

うわごと
熱にうかされて無意識に発する言葉。

あつらえる
注文して作らせる。

きそくえんえん
息も絶え絶えなさま。

もり
魚を突いて捕らえる道具。

びくに
出家した女性。あま。

とりかぶと
キンポウゲ科の植物。猛毒がある。

うろん
怪しげなさま。うさんくさいさま。

くさび
割れ目に打ち込み物を割ったり押し上げたりする道具。

なた
薪などを割るのに用いる刃物。

えいち
すぐれた知恵。

きゅうせん
弓と矢。武器。

もちのき
モチノキ科の常緑高木。皮が鳥もちの原料になる。

かんぴょう
ユウガオの実をむいて干した食品。

やつれる
やせ衰える。みすぼらしくなる。

もたらす
持ってくる。ある状態を引き起こす。

みそか
「つごもり」とも読む。三十日。転じて月の最後の日。

ならす
平らにする。

そしゃく
かみ砕くこと。また、よく考え理解すること。

メキシコ
北アメリカ南部にある国。

わかさぎ
キュウリウオ科の淡水魚。湖などにすむ。

うがい
水を含んで口中をすすぐこと。

とえはたえ
幾重にも重なること。

せいちゅう
自由な行動を妨げること。

鸚鵡

希臘

下衆

杓文字

狢

臥薪嘗胆

雲雀

眦

忖度

爾来

逡巡

皹

榴弾

艶姿

落魄

怯懦

狒狒

欠片

袢

令法

危殆

虚空

銓衡

縮緬

燎原

おうむ
オウム科の鳥。人の言葉をまねる性質がある。

ギリシア
ヨーロッパ南部の国。古代文明が栄えた。

げす
品性の卑しい者。

しゃもじ
飯を盛る時に使う道具。

むじな
アナグマの異称。タヌキをさすこともある。

がしんしょうたん
雪辱を期して、苦労に耐えること。

ひばり
ヒバリ科の鳥。鳴き声が美しい。

まなじり
目じり。「眦を決す」

そんたく
相手の気持ちを推し量ること。

じらい
以来。その後。

しゅんじゅん
ためらうこと。

ひび
寒さなどのために肌が乾燥して割れたもの。

りゅうだん
命中と同時に破裂する砲弾。

あですがた
「えんし」とも読む。女性のあでやかな姿。

らくはく
落ちぶれること。

きょうだ
臆病で意気地のないさま。

ひひ
大形のサル。マントヒヒ。

かけら
物の破片。断片。

かみしも
江戸時代の武士の礼服。

りょうぶ
リョウブ科の落葉小高木。山地に自生。

きたい
非常に危ないこと。「危殆に瀕（ひん）する」

こくう
何もない空間。

せんこう
よく調べて人を選ぶこと。

ちりめん
絹織物の一つ。細かく肌触りのよいしわが特徴。

りょうげん
野原を焼くこと。「燎原の火のごとく」

擯斥

螋

傅く

毛氈

呷る

采女

日捲り

蝙蝠

宿痾

女郎花

鍍金

謦咳

勾引かす

碌碌

所謂

媼

檳榔樹

旅籠屋

厨

咫尺

更紗

展翅板

股引

狼煙

噤む

ひんせき おしのけること。排斥。

まむし クサリヘビ科のヘビ。毒がある。

かしずく 仕えて世話をする。

もうせん 主に敷物に使われる毛織物の一つ。

あおる 酒などを勢いよく飲む。

うねめ 昔、宮中で天皇の世話をした女官。

ひめくり 毎日一枚ずつめくっていくカレンダー。

こうもり 羽のある小形の哺乳動物。洞窟などにすむ。

しゅくあ 長く患い続ける病。

おみなえし オミナエシ科の多年草。秋の七草の一つ。

めっき 「ときん」とも読む。金属面を他金属の薄い層で覆うこと。

けいがい せきばらい。「謦咳に接する」

かどわかす さらう。誘拐する。

ろくろく 役に立たないさま。ろくすっぽ。

いわゆる 世間で言うところの。俗に言う。

おうな 老女。

びんろうじゅ ヤシ科の常緑高木。果実は薬用となる。

はたごや 旅人を宿泊させる所。旅館。

くりや 台所。

しせき 近い距離。また、高貴な人のそばまで近づくこと。

サラサ 人物・花鳥・幾何学模様などを染めた布。

てんしばん 標本にする昆虫の羽を広げて留める板。

ももひき タイツに似た衣服で、ズボンの下にはく下着。

のろし 「ろうえん」とも読む。合図のためにあげる煙や火。

つぐむ 口を閉じる。

啜る
出鱈目
牛蒡
屠蘇
催馬楽

蓋然性
横溢
蹲踞
捗る
四方山

推戴
鏑矢
棗
刷毛
擡頭

瀰漫
碧潭
臍下丹田
這般
煙管

燻す
驢馬
碇
矢鱈
美作

する
口に吸い入れる。「うどんを啜る」

でたらめ
いい加減なこと。出まかせの言葉。

ごぼう
キク科の二年草。食用の野菜。

とそ
正月の祝いに飲む酒。

さいばら
古代の歌謡の一つ。平安時代に雅楽風の歌曲になった。

がいぜんせい
物事が起こる可能性。

おういつ
あふれ出ること。

そんきょ
剣道や相撲で、試合前に向き合う際の姿勢。

はかどる
仕事などが順調に進む。

よもやま
世間のこと。

すいたい
指導者などをおしいただくこと。

かぶらや
かぶらのついた矢。空中で音を出して鳴る。

なつめ
クロウメモドキ科の落葉小高木。また、茶入れ。

はけ
ペンキを塗ったり汚れをはらったりする道具。

たいとう
頭をもたげること。勢力を得て、頭角を現すこと。

びまん
すみずみまで広がること。

へきたん
青々とした淵。

せいかたんでん
へその下。全身の精気が集まるという。

しゃはん
これら。このたび。「這般の事情」

キセル
煙草を吸う道具。

いぶす
火をたいて煙をたてる。

ろば
馬に似た動物。耳が長いのが特徴。

いかり
船が流されないようにする重り。

やたら
むやみ。みだり。

みまさか
現在の岡山県北部にあたる旧国名。

骨牌
鶏冠
捗捗しい
痙攣
鬘

屢
脇息
潸潸
骰子
逸る

佩用
悲憤慷慨
偏に
簪
西瓜

重祚
傾城
手摺
北叟笑む
鯱立ち

狭窄
諳じる
瑰麗
時化
吃驚

カルタ
「こっぱい」とも読む。カルタ取りに使う札。

とさか
「けいかん」とも読む。ニワトリの頭部にある突起物。

はかばかしい
仕事などが順調に進んでいるさま。

けいれん
筋肉がひきつること。ひきつけ。

かつら
作り物の髪。

しばしば
何度も。たびたび。

きょうそく
ひじかけ。

さんさん
雨が降るさま。また、涙の流れるさま。

さいころ
双六（すごろく）などに使う立方体の道具。

はやる
気があせる。気がせく。

はいよう
身につけること。

ひふんこうがい
世の中の不正を悲しみ憤ること。

ひとえに
まったく。「偏に君のおかげだ」

かんざし
女性が結った髪にさす飾り。

すいか
ウリ科のつる草。実は夏の代表的な果物。

ちょうそ
「じゅうそ」とも読む。天皇が再び皇位につくこと。

けいせい
国を傾けるほどの美女。転じて、遊女のこと。

てすり
階段などに、人がつかまるためについている柵。

ほくそえむ
物事が思い通りになって、ひそかに笑う。

しゃちほこだち
逆立ち。

きょうさく
空間が狭くなること。「視野狭窄」

そらんじる
暗誦する。

かいれい
すぐれて美しいさま。「瑰麗な文章」

しけ
風雨のために海が荒れること。

びっくり
「きっきょう」とも読む。驚くこと。

稽田　嚥下　麓　澎湃　沛然

瘋癲　無聊　杜撰　鼎　魑魅魍魎

釣瓶　醜女　罌粟　基督　木賊

痼疾　徒花　鼴鼠　喊声　海豹

擲つ　鷹揚　雄蕊　嗤笑　手弱女

ひつじだ
刈り取った後の株から稲が一面に生え出た田。

えんか
「えんげ」とも読む。物を飲み下すこと。

ふもと
山の下方の部分。山すそ。

ほうはい
水がみなぎり波立つさま。物事が盛んに起こるさま。

はいぜん
雨が激しく降るさま。

ふうてん
勝手気ままな生活をする者。

ぶりょう
「むりょう」とも読む。何もすることがなく退屈なこと。

ずさん
手抜きが多く、いい加減なこと。「管理が杜撰だ」

かなえ
三本足の器。

ちみもうりょう
さまざまな化け物。

つるべ
井戸の水をくむ桶。「釣瓶落とし」は一気に落ちること。

しこめ
「しゅうじょ」とも読む。顔の醜い女。

けし
ケシ科の二年草。阿片の原料となる。

キリスト
イエス・キリスト。人類の罪を負って十字架にかかった。

とくさ
トクサ科の常緑シダ植物。

こしつ
持病。

あだばな
咲いても実を結ばない花。また、実質を伴わないもの。

ももんが
ムササビに似たリス科の小動物。木と木の間を飛ぶ。

かんせい
戦に勝ったときなどにあげる声。ときの声。

あざらし
「かいひょう」とも読む。アザラシ科の哺乳動物。

なげうつ
投げ捨てる。惜しみなく差し出す。

おうよう
性格がこせこせせず、大らかなこと。

おしべ
「ゆうずい」とも読む。植物の花にある雄性生殖器官。

ししょう
あざ笑うこと。

たおやめ
優美な女性。

鮑

搦手

噎ぶ

框

螺鈿

褥

巨頭鯨

胡瓜

隘路

跨線橋

修祓

潺湲

背鰭

柾

恣

簀子

壱岐

端倪

炒飯

櫞

俯瞰

杵柄

聳立

鎛

縹渺

はや
コイ科の淡水魚。ウグイ。

からめて
城の裏門。また、相手の弱点。

むせぶ
むせる。また、むせび泣く。

かまち
床などの端に渡す横木。「上がり框」

らでん
漆器などの表面に貝殻の薄片をちりばめた細工。

しとね
布団。

ごんどうくじら
大形のイルカ。頭が大きく、口はとがっていない。

きゅうり
ウリ科の野菜。

あいろ
狭い道。転じて物事を進めていく上でのさしさわり。

こせんきょう
線路の上にまたがって架かった橋。

しゅうふつ
「しゅうばつ」とも読む。おはらいをすること。

せんかん
水がさらさらと流れるさま。

せびれ
魚の背中にあるひれ。

まさき
ニシキギ科の常緑低木。

ほしいまま
勝手気ままにふるまうさま。

すのこ
竹を編んだもの。細い板を間をおいて打ち付けたもの。

いき
九州と朝鮮半島の間にある島。

たんげい
推測すること。「端倪すべからず」

チャーハン
中華料理の焼き飯。

にれ
ニレ科の落葉高木。

ふかん
高い位置から見下ろすこと。

きねづか
杵のえ。「昔とった杵柄」

しょうりつ
そびえ立つこと。

ひび
細かい割れ目。

ひょうびょう
遠く広がるさま。

自然薯

訥訥

毀つ

猖獗

頽唐

蚯蚓

淋巴腺

繙く

首魁

円ら

女旱

鰊

鍼灸

反芻

予予

東風

紫蘇

瓦斯

網代

鎹

忸怩

羅紗

顫動

綽名

沙翁

じねんじょ
ヤマノイモ。

とつとつ
つかえつかえ話すさま。

こぼつ
壊す。傷つける。

しょうけつ
大暴れすること。「猖獗を極める」

たいとう
風紀が乱れ、不健全になるさま。

みみず
地中にすむ細長い下等動物。

リンパせん
リンパ管の各所にある小さい膨らみ。リンパ節。

ひもとく
書物などを開いて読む。

しゅかい
悪事の中心人物。

つぶら
まるくてかわいらしいさま。

おんなひでり
付き合ってくれる女性がいないさま。

にしん
ニシン科の魚。卵は数の子になる。

しんきゅう
はりときゅう。

はんすう
食物を口に戻してかむこと。繰り返し味わうこと。

かねがね
以前から。前もって。

こち
春に、東から吹く風。

しそ
シソ科の一年草。葉は独特の芳香があり、食用。

ガス
気体。

あじろ
木や竹を組み合わせて作った魚を捕らえる仕掛け。

かすがい
材木の継ぎ目を固定する両端の曲がったくぎ。

じくじ
恥じ入るさま。「忸怩たる思い」

ラシャ
地が厚くけば立っている毛織物。

せんどう
ぶるぶると震えること。

あだな
本名以外の呼び名。

さおう
「しゃおう」とも読む。シェークスピアのこと。

聊か

唆す

粗目

顰蹙

朧月夜

蟷螂

微睡む

女衒

炯炯

船渠

黛

閂

搗く

哄笑

麾下

割烹

濫りに

齢

真菰

阿る

金毘羅

呟く

粉黛

梵語

軛

いささか
少し。若干。

そそのかす
人を言い含めてある事をやらせる。

ざらめ
粒の粗い砂糖。または、紙などの目が粗いこと。

ひんしゅく
不快感で顔をしかめること。

おぼろづきよ
月がぼんやりと見える夜。

かまきり
「とうろう」とも読む。鎌状の前肢を持つ昆虫。

まどろむ
うとうとする。

ぜげん
江戸時代、女を遊女屋に売る手引きを業とした者。

けいけい
目つきの鋭いさま。「炯炯たる眼光」

せんきょ
艦船の修理や点検を行う施設。ドック。

まゆずみ
眉をかくための墨。

かんぬき
門戸を閉ざすための横木。

つく
米などを杵などで押しつぶす。

こうしょう
大きな声で無遠慮に笑うこと。

きか
将軍の指揮下にある兵士。

かっぽう
料理。特に本格的な日本料理のこと。

みだりに
むやみに。好き勝手に。

よわい
年齢。

まこも
イネ科の多年草。葉でむしろを織る。

おもねる
こびへつらう。

こんぴら
仏法の守護神。航海の安全を守る。

つぶやく
そっと独り言を言う。

ふんたい
化粧。または化粧をした美人。

ぼんご
古代インドの文語であるサンスクリット語。

くびき
車を引く牛馬の頸にかける横木。自由を束縛するもの。

第3章

超難読編

この章では、通常漢字表記されることのない当て字や、常識の範囲ではなかなか読めないような、読み方のきわめて難しい語を中心に収録しました。

●漢字検定レベル　主に1級

韃靼
鵯
奠都
玉蜀黍
碾臼
神饌
注連縄
囲繞
喬木
瞋恚
塹
嘶く
婀娜
葫
瑪瑙
梲
蒸籠
蒲公英
咳く
冀う
儒艮
濫觴
搏風
蟋蟀
石蕗

だったん
モンゴル系の一部族。タタール。

ひよどり
ヒヨドリ科の鳥。鳴き声はやかましい。

てんと
新しく都を定めること。

とうもろこし
イネ科の一年草。実は食用・飼料用に使われる。

ひきうす
二つの石盤の間に穀物を入れてひき、粉にする道具。

しんせん
神への供え物。

しめなわ
神を祭る場所につるす縄。

いにょう
「いじょう」とも読む。周りをとり囲むこと。

きょうぼく
高い樹木。高木。

しんい
「しんに」とも読む。目をむいて怒ること。

たがね
はがねで作ったのみ。

いななく
馬が鳴く。

あだ
なまめかしく、色気を感じさせるさま。

にんにく
ユリ科の多年草。食用となる。

めのう
宝石の一つ。紅・緑・白などの美しい模様が特徴。

うだつ
「梲が上がらない」で、出世できない。

せいろう
「せいろ」とも読む。もち米などを蒸す器。

たんぽぽ
キク科の多年草。果実には白い冠毛がある。

しわぶく
せきをする。

こいねがう
切に願う。

じゅごん
水棲の哺乳動物。人魚伝説のもととなったとされる。

らんしょう
物事の始まり。源。

はふ
日本家屋の切妻屋根の端につける山形の板。

こおろぎ
コオロギ科の昆虫。オスは美しい声で鳴く。

つわぶき
キク科の常緑多年草。

燐寸
鹿尾菜
天網恢恢
蹌踉めく
天鵞絨
旋毛
大八洲
躱す
九仞
水黽
強請
栞
木瓜
鑿
樹懶
鮎魚女
蛇蝎
軈て
綸言
蕗の薹
社稷
紙鑢
犀
脹脛
水雲

マッチ
棒の先につけた火薬をこすって火を点ける道具。

ひじき
ホンダワラ科の海藻。食用になる。

てんもうかいかい
「天網恢恢疎にして漏らさず」で、悪事は見逃さない。

よろめく
足取りが乱れる。よろける。

ビロード
手触りのよい柔らかな織物。ベルベット。

つむじ
「せんもう」とも読む。髪が渦巻状に生えているところ。

おおやしま
日本の古称。

かわす
身をそらして避ける。「ひらりと身を躱す」

きゅうじん
「九仞の功を一簣（いっき）にかく」で成功寸前で失敗する。

あめんぼ
水棲昆虫。水面を滑るように進むのが特徴。

ゆすり
相手の弱みにつけこんで金品を巻き上げること。

しおり
道しるべ。または読みかけの本にはさむ目印。

ぼけ
バラ科の落葉低木。春に白・紅色の花を咲かす。

のみ
木材や石材を削る道具。

なまけもの
ナマケモノ科の哺乳動物。サルに似て、樹上で暮らす。

あいなめ
アイナメ科の魚。食用とされる。

だかつ
ヘビとサソリ。転じて嫌われ者。

やがて
そのうち。しばらくして。

りんげん
天子・天皇の言葉。みことのり。

ふきのとう
フキの芽生えたばかりの花茎。

しゃしょく
国の守り神。転じて国家。

かみやすり
紙状のやすり。サンドペーパー。

さい
サイ科の哺乳動物。熱帯にすむ。鼻の頭に角がある。

ふくらはぎ
すねの後ろのふくらんだ部分。

もずく
海藻の一種。酢の物にして食べる。

連翹
埴猪口
草臥れる
鮟鱇
鏖殺
馬喰
鮸
鱧
塵埃
束子
新西蘭
劈頭
結跏趺坐
羹
遠流
痞える
白毫
鎌鼬
湯湯婆
寒山拾得
御虎子
葎
箙
雪隠
鰍

れんぎょう
モクセイ科の落葉低木。

へなちょこ
未熟な者。くだらないもの。

くたびれる
疲れる。

あんこう
深海にすむ巨大魚。鍋料理の食材。

おうさつ
皆殺しにすること。

ばくろう
馬の仲買を業とする商人。

にべ
ニベ科の海魚。

はも
ハモ科の魚。骨が多いが美味。

じんあい
空気中のちりやほこり。

たわし
食器などを洗う道具。

ニュージーランド
南太平洋オセアニアの国。

へきとう
物事の始まり。

けっかふざ
右足を左ももの上に左足を右ももの上にのせる座り方。

あつもの
吸い物。「羹に懲りて膾を吹く」は無益な用心のこと。

おんる
遠国への流刑に処すこと。

つかえる
気持ちが高まって胸がふさがる。

びゃくごう
仏の眉間(みけん)にあるという白い巻き毛。

かまいたち
つむじ風の影響で肌が刃物で切られたようになる現象。

ゆたんぽ
中に湯を入れて足などを温める道具。

かんざんじっとく
文殊・普賢の転生とされた唐代の僧。

おまる
室内用の持ち運びできる便器。

むぐら
荒れ地や野原に繁茂するつる草の総称。

えびら
矢を入れて背負うための武具。

せっちん
便所。

かじか
淡水にすむ、ハゼに似たカジカ科の魚。

垂んとする

膃肭臍

八咫鏡

縺れる

仰山

鶸色

囹圄

鳥黐

加答児

抑

迚も

花魁

嬲る

山毛欅

蝸牛

官衙

籬垣

盂蘭盆

懸壅垂

金雀枝

蛞蝓

頽れる

綯う

田螺

諄諄

なんなんとする
まさになろうとする。

オットセイ
アシカ科の海洋動物。

やたのかがみ
皇位継承の印である三種の神器の一つ。

もつれる
糸や髪の毛などがからみ合ってほどけなくなる。

ぎょうさん
数や程度がはなはだしいさま。

ひわいろ
黄緑色。

れいぎょ
「れいご」とも読む。牢屋。牢獄。

とりもち
小鳥や虫を捕らえるための粘りのある物質。

カタル
粘膜の炎症。「大腸加答児」

そもそも
もともと。だいいち。

とても
どうしても。また、たいそう。

おいらん
江戸時代の遊郭における位の高い遊女。

なぶる
いじめる。もてあそぶ。

ぶな
ブナ科の落葉高木。

かたつむり
「かぎゅう」とも読む。でんでんむし。

かんが
官庁。

ませがき
柴などで作った垣根。

うらぼん
陰暦七月十五日に祖先の霊をまつる行事。

けんようすい
のどちんこ。

エニシダ
マメ科の落葉低木。初夏に黄色の花を咲かす。

なめくじ
カタツムリに似た軟体動物。塩に弱い。

くずおれる
くずれるように倒れる。また、気落ちする。

なう
より合わせる。「縄を綯う」

たにし
水田や池などにすむ貝。食用になる。

じゅんじゅん
丁寧にわかりやすく教えるさま。

諄い
膕
便追
嘸かし
篳篥
薺
玳瑁
鉄漿
鵺
椴松
懈怠
流鏑馬
櫛風沐雨
蝦蛄
薊
酣
鞴
石南花
怏怏
慈姑
蠢く
栄螺
麨
鰓
水母

くどい
しつこい。

ひかがみ
ひざの後ろのくぼんだ部分。

びんずい
セキレイ科の鳥。夏は山地、冬は里で暮らす。

さぞかし
どれほど。よっぽど。

ひちりき
雅楽に用いる管楽器の一つ。

なずな
アブラナ科の二年草。春の七草の一つ。

たいまい
甲羅がべっこう細工の原料となるウミガメの一種。

おはぐろ
「かね」とも読む。既婚女性が歯を黒く染めること。

ぬえ
伝説上の怪獣。転じて正体不明なもの。

とどまつ
マツ科の常緑高木。北海道以北に分布。

けたい
「けだい・げたい」とも読む。なまけ、おこたること。

やぶさめ
馬を走らせながら的を射る競技。

しっぷうもくう
さまざまな苦労を経験すること。

しゃこ
エビに似た甲殻動物。

あざみ
キク科の多年草。春・秋に紫の花を咲かせる。

たけなわ
最高潮。「宴も酣」

ふいご
金属の精錬のために用いる送風器。

しゃくなげ
ツツジ科の常緑低木。初夏、紅紫色や淡紅色の花が咲く。

おうおう
気がふさいで楽しくないさま。不満なさま。

くわい
オモダカ科の多年草。栽培変種。食用とする。

うごめく
虫などが気味悪く動く。

さざえ
突起のあるこぶし状の巻貝。食用。

はったい
米または麦の新穀を煎(い)ってひいた粉。麦こがし。

えら
魚類の呼吸器。水中の酸素をとる働きをする。

くらげ
海中に漂う下等動物。毒を持つものもある。

征戎
葦簀
喧喧囂囂
鞣革
忽せ
糝粉
晨鶏
縕袍
袱紗
悴む
金盞花
茅屋
扠
面罵
萵苣
箍
糸瓜
屯する
衢
蜆
魚籠
緋縅
目合
螺子
蔓延る

せいじゅ
国境を守ること。

よしず
アシで編んだすだれ。

けんけんごうごう
多くの人が口々にやかましく騒ぎ立てるさま。

なめしがわ
動物の皮をなめしてやわらかくしたもの。

ゆるがせ
いい加減にしておくさま。「忽せにできない」

しんこ
白米を粉にしたもの。また、それから作ったもち。

しんけい
夜明けを告げるニワトリ。

どてら
綿を入れた厚手の着物。

ふくさ
絹製の小さなふろしき。

かじかむ
手などが凍えて思うように動かなくなる。

きんせんか
キク科の植物。初夏にオレンジ色の花を咲かす。

ぼうおく
かやぶきの家。自分の家を謙遜して言う言葉。

さて
ところで。

めんば
本人の面前で相手をののしること。

ちしゃ
キク科の一、二年草。レタス。

たが
桶や樽を締めるための竹の輪。「箍が外れる」

へちま
ウリ科のつる性一年草。実は食用となる。

たむろする
何人かの人が群れる。

ちまた
にぎやかな場所。町なか。

もぬけ
脱皮すること。抜け殻。「蛻の殻」

びく
釣った魚を入れるかご。

ひおどし
緋色の糸や革でつづった鎧。

まぐわい
目と目を合わすこと。転じて男女が交わること。

ねじ
物を締めつけるために使うらせん状の溝のあるもの。

はびこる
草木が茂り広がる。悪いものが世間で横行する。

秣

巻繊汁

竈馬

大鋸屑

輦台

斑雪

輻輳

一入

蘇芳

蓖麻子油

荊棘

目眩く

玻璃

洗滌

鱲子

梳る

鏤める

海石

榛

消る

螻蛄

草莽

嚢に

爬羅剔抉

啀み合う

まぐさ
牛馬の飼料にする草。かいば。

けんちんじる
豆腐・野菜を油でいためて具にした汁。

かまどうま
カマドウマ科の昆虫。

おがくず
鋸(のこぎり)で木を切った後に残る細かい木屑。

れんだい
昔、川を渡る人を乗せて、対岸へ運んだ台。

はだれゆき
「はだらゆき」とも読む。まだらに消え残った雪。

ふくそう
多くの物事が一か所に集まり、混雑すること。

ひとしお
いっそう。ひときわ。

すおう
インド・マレー原産のマメ科の低木。

ひましゅ
トウゴマの種からとった油。工業用・下剤用。

けいきょく
妨げとなるもの。困難。

めくるめく
目がくらむ。

はり
七宝の一つ。水晶のこと。

せんでき
「せんじょう」とも読む。洗うこと。洗ってすすぐこと。

からすみ
ボラの卵巣を塩漬けにして干した食品。

くしけずる
くしで髪をといて整える。

ちりばめる
金銀・宝石などをあちこちにはめこむ。

いくり
海中の岩。暗礁。

はしばみ
カバノキ科の落葉低木。

あやかる
他人の幸福に対し、自分もそのようになりたいと思う。

けら
「おけら」とも読む。地中にすむ昆虫。

そうもう
「そうぼう」とも読む。主君に仕えていないこと。

さきに
時間的に前に。以前に。

はらてっけつ
隠れた人材を発掘すること。人の欠点を暴き出すこと。

いがみあう
仲が悪く、喧嘩ばかりする。

心太　交交　吾亦紅　喀痰　藁稭

窮鼠　鬻ぐ　鶚　茴香　靫蔓

捥ぐ　鶺鴒　馬刀貝　馬酔木　通草

歔欷　疫癘　荼毘　生麩　島嶼

躊躇う　百日紅　洗膾　矮鶏　胼胝

ところてん
テングサから作るつるつるした食べ物。

こもごも
相次いで。代わる代わる。

われもこう
バラ科の多年草。

かくたん
痰を吐くこと。

わらしべ
稲の穂の芯。

きゅうそ
追いつめられたネズミ。「窮鼠猫をかむ」

ひさぐ
売る。

みさご
タカ科の鳥。海岸にすみ魚を食べる。

ういきょう
セリ科の多年草。実の油は香辛料になる。

うつぼかずら
熱帯産の食虫植物。ウツボカズラ科。

もぐ
ねじり取る。ひねり取る。

みそさざい
ミソサザイ科の小鳥。鳴き声が美しい。

まてがい
マテガイ科の貝。

あしび
「あせび」とも読む。ツツジ科の低木。白色の花を咲かす。

あけび
アケビ科のつる性低木。春に薄紫色の花を咲かす。

きょき
すすり泣くこと。

えきれい
疫病。はやり病。

だび
火葬。「茶毘に付す」

なまふ
干したり焼いたりしていない麩。

とうしょ
大小の島々。

ためらう
二の足をふむ。躊躇(ちゅうちょ)する。

さるすべり
「ひゃくじっこう」とも読む。ミソハギ科の落葉高木。

あらい
魚の刺身を冷水で縮ませたもの。「スズキの洗膾」

チャボ
ニワトリの一種。尾が直立し、足が短い。

たこ
皮膚が固くなって盛り上がったもの。

和漢名数①

◎**大和三山**
□畝傍山　うねびやま
□耳成山　みみなしやま
□香具山　かぐやま

◎**四座**
□観世　かんぜ
□金春　こんぱる
□宝生　ほうしょう
□金剛　こんごう

◎**京都五山**
□天竜寺　てんりゅうじ
□相国寺　しょうこくじ
□建仁寺　けんにんじ
□東福寺　とうふくじ
□万寿寺　まんじゅじ

◎**鎌倉五山**
□建長寺　けんちょうじ
□円覚寺　えんがくじ
□寿福寺　じゅふくじ
□浄智寺　じょうちじ
□浄妙寺　じょうみょうじ

◎**南都六宗**
□三論　さんろん
□法相　ほっそう
□成実　じょうじつ
□倶舎　くしゃ
□律　りつ
□華厳　けごん

◎**七道**
□東山道　とうさんどう
□東海道　とうかいどう
□北陸道　ほくりくどう
□山陰道　さんいんどう
□山陽道　さんようどう
□南海道　なんかいどう
□西海道　さいかいどう

◎**関八州**
□武蔵　むさし
□相模　さがみ
□安房　あわ
□上総　かずさ
□下総　しもうさ
□常陸　ひたち
□下野　しもつけ
□上野　こうずけ

和漢名数②

◎**四書**
□大学　だいがく
□中庸　ちゅうよう
□論語　ろんご
□孟子　もうし

◎**五経**
□易経　えききょう
□書経　しょきょう
□詩経　しきょう
□春秋　しゅんじゅう
□礼記　らいき

◎**六書**
□象形　しょうけい
□指事　しじ
□会意　かいい
□形声　けいせい
□転注　てんちゅう
□仮借　かしゃ

◎**戦国七雄**
□秦　しん
□楚　そ
□燕　えん
□斉　せい
□趙　ちょう
□魏　ぎ
□韓　かん

◎**八正道**
□正見　しょうけん
□正思惟　しょうしゆい
□正語　しょうご
□正業　しょうごう
□正命　しょうみょう
□正精進　しょうしょうじん
□正念　しょうねん
□正定　しょうじょう

◎**九流**
□儒家　じゅか
□道家　どうか
□陰陽家　いんようか
□法家　ほうか
□名家　めいか
□墨家　ぼっか
□雑家　ざっか
□縦横家　じゅうおうか
□農家　のうか

栗鼠

罷

惚気る

腥い

卓袱

茗荷

大鮃

沢瀉

嬶天下

驀進

鉽力

海象

黄楊

白耳義

橡

秘鑰

蘚苔類

斧鉞

蛾眉

吶喊

蟒蛇

目交

悄気る

瘡蓋

倫敦

りす
森林にすむネズミに似た小動物。

ひぐま
大形のクマ。日本では北海道にすむ。

のろける
妻・夫や恋人との事を他人に得意げに話す。

なまぐさい
魚などのいやなにおいがするさま。

しっぽく
中国風の食卓。朱塗りで、周囲に紅白の布を垂れる。

みょうが
ショウガ科の多年草。食用。

おひょう
カレイ科の海水魚。

おもだか
オモダカ科の多年草。水田や沼地に自生。

かかあでんか
夫婦で妻のほうが威張っていること。

ばくしん
まっしぐらに進むこと。

ブリキ
薄い鉄板に錫(すず)をメッキしたもの。

セイウチ
セイウチ科の大形の海獣。

つげ
ツゲ科の常緑小高木。

ベルギー
国名。ヨーロッパの北西部に位置する。

とち
トチノキ科の落葉高木。山地に自生する。

ひやく
秘密のことを知る手がかり。

せんたいるい
植物のうちの、コケの類。

ふえつ
おのとまさかり。転じて文章などを添削すること。

がび
美人。蛾の触角のような三日月形の眉から。

とっかん
鬨(とき)の声をあげること。また、突撃すること。

うわばみ
大蛇。おろち。転じて大酒飲み。

まなかい
目と目との間。転じて目の前。

しょげる
しょんぼりする。

かさぶた
傷口の血が固まったもの。

ロンドン
イギリスの首都。

半田鏝

鸛

梟雄

含羞草

土竜

卓袱台

美人局

紙縒

御稜威

麻疹

螽蟖

曹達水

肉叢

以為えらく

乞巧奠

誑かす

須く

苧環

梔子

熊襲

伯林

板廂

撞木鮫

屹度

叛徒

はんだごて
はんだづけをする道具。はんだは鉛と錫（すず）の合金。

こうのとり
コウノトリ科の鳥。特別天然記念物。

きょうゆう
勇猛で戦術にたけた英雄。

おじぎそう
マメ科の一年草。触れると葉をたたむ。

もぐら
モグラ科の動物。地中で生活する。

ちゃぶだい
脚の低い食卓。

つつもたせ
妻や情婦に男を誘惑させ、後にその男を恐喝する犯罪。

こより
和紙を細く切ってよったもの。

みいつ
君主の神々しい威光。

はしか
小児に多い伝染病。赤い発疹が現れる。

きりぎりす
バッタに似た昆虫。オスは羽をすりあわせて鳴く。

ソーダすい
炭酸水を甘くした清涼飲料水。

ししむら
肉のかたまり。

おもえらく
思っていることには。

きこうでん
「きっこうでん」とも読む。七夕祭り。

たぶらかす
だます。惑わす。

すべからく
ぜひとも。必ず。

おだまき
キンポウゲ科の多年草。また紡いだ麻糸を巻いたもの。

くちなし
アカネ科の常緑低木。夏に白い花を咲かせる。

くまそ
上代、今の九州南部に住んでいた種族。

ベルリン
ドイツの首都。

いたびさし
板葺（いたぶき）のひさし。

しゅもくざめ
サメの一種。頭部が撞木のようにT字型をしている。

きっと
たしかに。必ず。

はんと
むほん人たち。逆徒。

蘖
馴鹿
救恤
約やか
踝
轆轤台
床几
辛夷
護謨
輔弼
佐保姫
鋤焼
羚羊
鞐
剰え
沖醤蝦
腓返り
斑鳩
鸚哥
髑髏
努努
帙
諾う
雁擬き
砌

ひこばえ
切った根株から出た芽。

トナカイ
シカ科の動物。大形で、寒い地域にすむ。

きゅうじゅつ
困っている人に物を恵んで助けること。

つづまやか
手短なさま。また、質素でつつしみ深いさま。

くるぶし
足首の関節の左右に突起した部分。

ろくろだい
円形の陶器を作る際に用いる回転台。

しょうぎ
野外で用いる腰掛け。

こぶし
モクレン科の落葉高木。春先に白い花を咲かせる。

ゴム
ゴムの木の樹液を原料とする伸び縮みする物質。

ほひつ
君主を補佐すること。また、その職のこと。

さおひめ
春を司る女神。

すきやき
牛肉やねぎ・しらたき・春菊などを煮た料理。

かもしか
「れいよう」とも読む。ウシ科の動物。

こはぜ
足袋などの合わせ目を留める爪形の道具。

あまつさえ
そればかりか。その上。

おきあみ
エビに似た小形の生物。釣りのえさなどに用いる。

こむらがえり
ふくらはぎの筋肉が痙攣（けいれん）を起こすこと。

いかる
「いかるが」とも読む。アトリ科の渡り鳥。

いんこ
オウム科の鳥。人の声を真似る。

どくろ
「されこうべ・しゃれこうべ」とも読む。頭蓋骨。

ゆめゆめ
決して。必ず。「努努疑うなかれ」

ちつ
書物を包むおおい。

うべなう
同意する。そのとおりだと思って承知する。

がんもどき
油揚げの中に野菜などを詰めた食べ物。

みぎり
時節。折。「向暑の砌、ご自愛ください」

顳顬
竹篦返し
纜
虫螻
慥かに
阿吽
噦ける
叉焼
後朝
敲てる
痘痕
開豁
九十九折
宸襟
翌檜
杣山
漸う
黄蘗
躓く
夙に
剔抉
茱萸
蹄
洪牙利
茣蓙

こめかみ
額の両端部分で、物をかむと動く所。

しっぺいがえし
「しっぺがえし」とも。ある事をされた時、仕返すこと。

ともづな
船をつなぐ綱。

むしけら
虫を卑しめて言う言葉。

たしかに
その通りに。思った通りに。言われた通りに。

あうん
息を吸うことと吐くこと。「阿吽の呼吸」

けしかける
仕向けて攻撃的な態度をとらせる。

チャーシュー
焼き豚。

きぬぎぬ
共寝(ともね)した男女が翌朝、別れること。

そばだてる
斜めに立てる。「耳を攲てる」

あばた
「とうこん」とも読む。天然痘にかかったあと。

かいかつ
性格が開けっぴろげなさま。景色がひらけているさま。

つづらおり
くねくねと折れ曲がった道。

しんきん
天皇・天子のお心。

あすなろ
ヒノキ科の樹木。「明日は檜になろう」の意から。

そまやま
伐採用の木を植林した山。

ようよう
ようやく。

きはだ
「おうばく」とも読む。ミカン科の落葉高木。

つまずく
足先が何かに当たって転びそうになる。

つとに
早くから。以前から。

てっけつ
ほじくり出すこと。あばき出すこと。

ぐみ
赤い実を結ぶ樹木。

ひづめ
馬などの足の先にある爪。

ハンガリー
中部ヨーロッパの国。首都はブダペスト。

ござ
いぐさの茎で編んだむしろに縁をつけた敷物。

酸漿

篩

梭魚

泥鰌

螌す

平仄

石槨

絆される

翫味

旁

畷

抓る

御襁褓

靴箆

呱呱

孑孑

噯気

莫大小

花鶏

綽綽

鐚一文

先蹤

邯鄲

雪花菜

讒謗

ほおずき
ナス科の多年草。赤い実をつける。

ふるい
粒子の細かいものと粗いものを分ける道具。

かます
カマス科の魚。口が突き出ている魚。

どじょう
淡水の泥の中にすむ魚。食用。

さす
蚊や虫などが刺すこと。

ひょうそく
「平仄が合わない」で、つじつまが合わない。

せっかく
棺を入れる石造りの箱。

ほだされる
情にひかれて行動を左右される。

がんみ
食物をよくかみ味わう。物事の意義をよく考え味わう。

かたがた
ついでに。「つくり」と読めば漢字の右側の部分。

なわて
あぜ道。

つねる
指先でつまんでひねる。

おむつ
赤ん坊にはかせるもの。おしめ。

くつべら
靴を履くときに足と靴の間に入れて履き易くする道具。

ここ
赤ん坊の泣き声。「呱呱の声をあげる」

ぼうふら
蚊の幼虫。

おくび
げっぷ。「噯気にも出さない」はそぶりもみせない意。

メリヤス
綿糸または毛糸で編んだ伸縮自在の織物。

あとり
アトリ科のわたり鳥。秋・冬に日本に飛来する。

しゃくしゃく
ゆったりとしているさま。「余裕綽綽」

びたいちもん
ほんのわずかの金。「鐚一文払いたくない」

せんしょう
先例。

かんたん
中国の都市。「邯鄲の夢」は人生のはかなさのたとえ。

おから
「きらず」とも読む。豆腐を搾(しぼ)ったかす。卯の花。

ざんぼう
人を陥れるためにその悪口を言うこと。

螻蛄

金盥

劈く

木菟

翩翻

頤

貂

小芥子

亜爾然丁

雛罌粟

鯣

御侠

外郎

澪標

鶴嘴

滾る

竜涎香

魁

闡明

漁撈

独活

闖入

糾う

三鞭酒

野蒜

ざりがに
エビの一種。カニのような大きなはさみがある。

かなだらい
金属製のたらい。

つんざく
突き破る。「耳を劈くような音」

みみずく
フクロウに似た鳥。夜間活動する。

へんぽん
旗などがひらひらと翻るさま。

おとがい
したあご。

てん
イタチに似た雑食の獣。

こけし
東北地方特産の木製の人形。

アルゼンチン
南米大陸の東南部の国。

ひなげし
ケシ科の一年草。ポピー。五月ごろに咲く。

するめ
イカを開いて干したもの。

おきゃん
おてんば。

ういろう
名古屋名物の菓子。または小田原名産の同名の薬。

みおつくし
船が安全に通れる水路を示した目印。

つるはし
土を掘り返すのに使う道具。工事現場などで使われる。

たぎる
わきあがる。煮え立つ。「血が滾る」

りゅうぜんこう
マッコウクジラから採取する香料。

さきがけ
先陣を切ること。人々に先立って物事を始めること。

せんめい
今まではっきりしなかった道理を明らかにすること。

ぎょろう
漁をすること。

うど
ウコギ科の多年草。「独活の大木」

ちんにゅう
突然入りこむこと。乱入すること。

あざなう
縄などをより合わせる。「禍福は糾える縄の如し」

シャンパン
フランス・シャンパーニュ地方で作られる発泡酒。

のびる
ユリ科の多年草。ねぎに似たにおいがある。

熾る

篦棒

耄碌

矍鑠

裲襠

鏃

薨去

鬣

遷化

背馳

丁髷

噦り

序で

一縷

栖

標

塒

擱筆

巍巍

粽

発条

薯蕷汁

枳殻

流離う

雪加

おこる
炭が盛んに燃える。

べらぼう
程度がひどいさま。「篦棒な値段」

もうろく
年老いて体が衰え、思考力が鈍ること。

かくしゃく
老人がきびきびと元気なさま。

うちかけ
武家の婦人の礼服。現在は、花嫁衣装の一つ。

やじり
矢の先のとがった部分。

こうきょ
皇族または三位以上の人が死ぬこと。

たてがみ
馬やライオンの首に生えている毛。

せんげ
高僧が死ぬこと。

はいち
反対になること。そむくこと。

ちょんまげ
江戸時代まで男性が結っていた髷。

しゃっくり
横隔膜の痙攣（けいれん）で起こる現象。

ついで
あることを行う時、あわせて別のことを行うよい機会。

いちる
わずかなつながり。ごくわずか。かすか。

すみか
住む家。住まい。

かんじき
履物の下に付けて足が雪に埋もれないようにするもの。

ねぐら
鳥の寝るところ。転じて人の住まい。

かくひつ
筆を置くこと。文章を書き終えること。

ぎぎ
山の高く大きいさま。「巍巍たる山容」

ちまき
笹などでもち米を巻いて蒸した食品。

ぜんまい
「ばね・はつじょう」とも読む。渦巻状の鋼鉄のばね。

とろろじる
すりおろしたヤマノイモなどを汁に加えた食べ物。

からたち
ミカン科の落葉低木。

さすらう
あてもなく放浪する。

せっか
ヒタキ科の小鳥。ウグイスに似る。

絹莢
紙魚
耆婆
鵲
四阿
減張
鶉
旗魚
弄る
鰆
可惜
熨斗
青梗菜
悪阻
天蚕糸
男鰥
鉞
壁蝨
竜攘虎搏
柳葉魚
稍
陵
魘される
凌霄花
菠薐草

きぬさや
さやえんどう。

しみ
紙や衣類を食う害虫。

ぎば
古代インドの名医。

かささぎ
カラス科の鳥。肩と腹が白く、その他は黒い。

あずまや
屋根を四方へふき下ろした建物。

めりはり
ゆるめることと張ること。

うずら
キジ科の鳥。肉・卵ともに食用。

かじき
長い角のある魚。メカジキ、マカジキなど。

まさぐる
「いじる・いじくる」とも読む。手でもてあそぶ。

さわら
サバ科の海魚。春先に多くとれる。

あたら
惜しくも。もったいなくも。「可惜チャンスを逸す」

のし
祝い用の進物につける紙製のもの。

チンゲンサイ
中国野菜の一つ。

つわり
「おそ」とも読む。妊娠初期の吐き気を催す現象。

てぐす
釣り糸に用いられる透明な糸。

おとこやもめ
妻を亡くして独りで暮らす男。

まさかり
大形の斧（おの）。

だに
節足動物の一種。人や動物の血を吸うものもある。

りゅうじょうこはく
強い者同士が戦うこと。

シシャモ
キュウリウオ科の魚。丸干しにして食べる。

やや
分量・程度がわずかであるさま。しばらくの間。

みささぎ
天皇・皇后などの墓所。

うなされる
悪い夢を見るなどして苦しそうな声を出す。

のうぜんかずら
ノウゼンカズラ科のつる性落葉樹。花には毒がある。

ほうれんそう
アカザ科の野菜。

新嘗祭
鼈
山雀
延縄
壟断
産土
晩稲
鴟尾
夢寐
波蘭
須臾
面皰
燠
鴻毛
魞
瑞典
酢漿草
山楝蛇
菰
巫山戯る
疣
蔬菜
海驢
柿落とし
糶る

にいなめさい
「しんじょうさい」とも読む。宮中の年中行事の一つ。

すっぽん
カメの一種で、鍋料理の食材として珍重される。

やまがら
シジュウカラ科の鳥。

はえなわ
一本の縄に多数の釣り針をつけた漁具。

ろうだん
独占すること。

うぶすな
その人の生まれた土地。

おくて
遅く成熟する稲。転じて成熟の遅い人。

しび
仏殿の屋根に付けられたトビの尾をかたどった装飾。

むび
夢を見ている間。眠っている間。

ポーランド
ヨーロッパ東部の国。首都はワルシャワ。

しゅゆ
わずかの時間。

にきび
顔などにできる、青年期特有のできもの。

おき
赤くなった炭火や、薪(まき)の燃えさし。

こうもう
おおとりの毛。極めて軽いもののたとえ。

えり
細長く屈曲した袋状に竹簀(たけす)を立てて魚を捕る装置。

スウェーデン
北欧の立憲君主国。首都はストックホルム。

かたばみ
カタバミ科の多年草。春から秋に黄色い花が咲く。

やまかがし
ヘビの一種。毒を持つ。

こも
マコモ。マコモで作ったむしろ。

ふざける
おどけたり、いたずらをしたりすること。

いぼ
皮膚の一部が突き出たもの。

そさい
野菜。青物。

あしか
アシカ科の海洋動物。

こけらおとし
劇場が新築・改築をして初めて行う興行。

せる
より高い値段をつけて品物を争う。オークション。

きっと誰かに教えたくなる
読めるようで読めない漢字2500

編　者――――――――――一校舎漢字研究会
発行者――――――――――――――永岡純一
発行所――――――――――株式会社永岡書店
〒176-8518　東京都練馬区豊玉上1-7-14
代表☎03(3992)5155
編集☎03(3992)7191
印刷――――――――――――――図書印刷
製本――――コモンズデザイン・ネットワーク

ISBN978-4-522-47542-3　C0176
落丁本・乱丁本はお取替えいたします。 ㊿